구원의 확신

발행 초판 1쇄 2023년 7월 13일

지은이 박성은
펴낸이 박준우
펴낸곳 리바이벌북스
디자인 리바이벌북스
판권 ⓒ리바이벌북스
주소 경기도 의정부시 승지로 4, 4층
전화 070-8861-7355 팩스 031-851-7356
www.revival153.com
E-mail revivalbooks@naver.com
홈페이지 www.revival153.com
ISBN 979-11-978407-8-4 (03230)
등록 제2015-000012호 (2015.03.27.)

개혁신학 시리즈

믿음과 성화와 견인의 관점으로 본

구원의 ——— 확신

박성은 지음

리바이벌
북스

추천의 글

이상웅 교수 (총신대학교 신학대학원 조직신학 교수)

구원의 확신(assurance of salvation)은 신학적으로(즉, 이론적으로) 중요한 주제이자 논란이 많은 토론 거리일 뿐만 아니라, 신자의 실존의 깊이를 견고하게 하든지 아니면 끊임없는 소용돌이에 휘말리게 하는 신앙의 실재성의 문제이다. 이러한 긴요하고 시급하고 절박한 주제에 관하여 박성은 목사가 『믿음과 성화와 견인의 관점으로 본 구원의 확신』을 저술 출간하게 된 것을 환영하고 축하한다.

본서에 담긴 내용은 2019년 늦가을 나의 지도하에 통과된 총신대학교 대학원 신학석사 논문을 토대로 하고 있으며, 일반 신자들이 쉽게 읽을 수 있도록 수정 보완되었다. 본서에서 저자는 구원의 확신에 대해 다루되, 믿음, 성화, 그리고 견인의 관점에서 다루어준다. 그리고 성경에 기초하되, 칼빈과 웨스트민스터 신앙고백서가 정리한 정통 개혁주의 관점에서 본 주제를 잘 다루었다.

한편으로 잘못된 확신에 근거하여 과도하게 치우치거나 방종하는 교인들이 있고, 다른 한편으로는 끊임없이 고뇌하고 의심하고 방황 중인 유랑민 같은 신자들이 존재하는 한국교회 현실에 본서와 같이 성경적이고 개혁주의적인 구원의 확신 이해는 많은 그리스도인의 신앙을 바로 잡아주고, 견고히 세우는데 기여할 것으로 생각한다. 이에 자신의 신앙의 실재성에 관하여 궁구하는 모든 그리스도인의 정독을 권하는 바이다.

추천의 글

조성권 교수 (순복음총회신학교 교수, 좋은교회 담임)

한 청년의 고민이 시작되었다. '영접 기도를 하면 모두 구원을 받고, 구원의 확신을 갖게 되는 것이 사실일까? 구원은 분명 은혜로 믿음을 통해서 받는 것인데, 왜 한국교회는 영접 기도로 구원과 구원의 확신을 받는 것에 대해 그 누구도 문제를 제기하지 않을까?' 그리고 청년은 그 고민의 답을 찾기 위해 학문의 자리에 섰다. 목회의 자리에 섰다.

아마도 그 청년은 목회의 현장을 통해 낯설게 보는 방법에 어리둥절했을 것이다. 성령의 인도하심과 역사하심을 통해 한 영혼의 구원을 고민했을 것이다. 그리고 그 고민을 학문의 여정 속에 내려놓았다. 여정 속에서 마주한 익숙함 속에서 몸부림쳤을 것이다. 그러나 학문의 정직함 속에서 3C(compare, critique, create)의 과정을 거치고 있다.

박성은 목사의 책 『구원의 확신』은 그래서 딱딱한 교리를 강요하지 않는다. 개혁신학이 가지고 있는 구원과 구원의 확신과 개혁신학의 정립이라는 거대담론을 이야기하는 것처럼 보이지만, 『기독교 강요』와 『웨스트민스터 신앙고백서』를 통해 마주할 한 영혼의 구원에 모든 관심을 쏟고 있다.

"진정한 믿음은 지식과 동의와 신뢰가 동시에 나타난다. 지식과 동의는 사람이 할 수 있지만, 신뢰의 영역은 오직 성령의 사역이다. 성령의 역사 없이 진정한 믿음은 생길 수 없다"고 고백하며, "하나님의 선택과 은혜에 의하여 믿음을 신자에게 주실 때 비로소 예수를 주라고 입으로 시인하게 되며 구원과 확신을 얻게 된다"고 소망하고 있다.

이 책을 통한 젊은 연구자의 끝없을 열정을 응원한다. 작은 떨림과 흥분으로 박성은 목사의 다음 발걸음을 기대하는 이유이다.

추천의 글

김영한 목사 (품는 교회 담임, Next 세대 Ministry 대표)

칼 바르트$^{Karl Barth}$는 자유주의 신학자들 테이블에 폭탄을 터트렸다. 자유주의 신학자들은 아래로부터의 신학을 하였고, 전통적인 신학에서 벗어났다. 그러나 칼 바르트는 화해론에서 만유화해론을 말하면서, 만유구원론쪽으로 문을 열게 되었다. 바르트의 초기, 중기, 후기 신학적 사상은 더 성숙되고 보완되었지만, 여전히 구원론에 있어서는 질타를 받기도 한다. 대(大)신학자도 구원론에 있어 방향성을 잡는 데 어려움을 겪었다.

이 시대에 우리는 더욱 어렵다. 각종 이단들은 예수 그리스도 이외 자신들이 구원자라고 하고 있다. 구원파는 칭의적 구원만 있으면 성화적 삶은 필요 없다고 주장한다. 이런 시대에 참 좋은 책이 출간되어 감사하다. 다음 세대에게 구원이 무엇인지, 그리고 다음 세대 목회자와 섬김이들에게도 구원이 무엇인지 선명하게 알려 주어 너무나 감사하다. 신학적, 교리적 작업이 진부하고, 고리타분한 것 같지만 그렇지 않다. 이런 작업이 없는 신자는 닻이 없는 배와 같아서 시대의 바람과 물결이 요동치는 대로 방향성을 잃고 떠다니다 좌초할 수 있다. 그러니 이 책 일독을 권한다!

추천의 글

이상갑 목사 (산본교회 담임, 청년사역연구소 대표)

　믿음과 성화와 견인의 관점으로 본 구원의 확신은 그리스도인에게 참 중요하다. 우리 모두는 구원의 여정에 초대를 받은 사람들이기 때문이다. 믿음, 성화, 견인에 대한 이해가 거의 빈약한 오늘의 교회 상황에서 기본적인 교리를 이해하고자 하는 분들에게 도움이 될 것이다. 우리의 신앙과 삶은 아는 것만큼 달라진다. 구원의 서정에 대한 지식 가운데 이 글을 통해서 믿음, 성화, 견인에 대한 이해를 더 깊이 할 수 있기를 기대한다.

추천의 글

주경훈 목사 (꿈이있는미래 소장, 『원 포인트 통합교육』 저자)

신학은 신앙생활에 뼈와 같다. 뼈가 사람의 모양을 만들어 내듯이 한 사람의 신학이 그 사람의 신앙생활을 만들어 낸다. 빈약한 신앙생활은 빈곤한 신학으로 시작된다. 현대 기독교의 위기 가운데 하나는 신학의 빈곤함이다. 신학의 피상성이 삶을 취약하게 만든다.

그런 의미에서 저자의 책은 보약과 같다. 한 사람의 깊이는 그가 담고 있는 언어의 깊이와 비례하는데 그런 면에서 저자는 깊은 사색의 사람임에 틀림이 없다. 믿음, 성화, 견인, 구원이란 주제는 신학을 넘어 영적 세계의 실제이다. 책을 읽다 보면 희미했던 영적 실체가 뚜렷해지는 경험을 하게 될 것이다. 책을 읽는 모든 독자의 영혼에 구원의 확신이 가득하길 바라며, 기쁜 마음으로 책을 추천한다.

추천의 글

최읍 선교사 (선교한국 사무총장, 미드웨스턴 침례신학교 객원교수)

십 대 때 예수님을 영접하려는 사람은 일어나라는 말에 몇 번을 일어섰던 가. 그 후 다시 죄에 빠질 때는 얼마나 좌절했던가. 그러나 구원은 나의 결 단이 아닌 성부의 작정과 성자의 대속, 그리고 성령의 적용하심으로 이루어 지며 그 은혜는 신분의 구원인 칭의와 수준의 구원인 성화를 통해서 우리에 게 견고한 인내라는 열매를 맺게 한다. 이 책은 혼란한 포스트모던 시대에 개혁주의 구원론의 정수를 명확하게 설명하기에 일독을 권한다.

By Grace, Through Faith, For His Glory!

추천의 글

서진교 목사 (함께하는재단 굿윌스토어 사목, 『작은 자의 하나님』 저자)

모든 사람은 불안을 안고 살아간다. 특별히 죽음을 두려워한다. 내세에
대한 확신이 없기에 삶의 기저에 불안이 있다. 예수님을 믿는 신자들에게
도 불안이 있다. 구원의 확신을 갖지 못한 채 살아간다. 특별히 도저히 예측
도 감당도 안 되는 고난 앞에서 구원의 확신은 여지없이 무너진다. 무너진
내 신앙을, 내 마음을 누구에게 말할 수도 없다. 사람들이 손가락질할까 봐,
버림 당할까 무서워 꽁꽁 숨긴 채 살아간다.

우리 믿음의 선배들도 구원의 확신이 흔들릴 때가 있었다. 내로라할 위대
한 신앙인들도 마음 깊은 곳에서 의심의 구름이 피어올랐다. 거센 파도 같
은 신앙의 여정 속에 구원의 확신을 붙들려고 몸부림쳤다. 본서는 그러한
믿음의 선배들의 고백을 모아 구원의 확신이 어떤 것인지 잘 정리했다. 구
원의 서정 중 믿음과 성화와 견인의 측면에서 구원의 확신을 섬세하게 분석
했다. 우리의 인생도 신앙도 끊임없는 파도 가운데 흘러가고 있다. 흔들려
도 전복될 것 같아도 끝까지 붙드시는 하나님을 바라보게 하는 이 책이 참
고맙다.

추천의 글

주성하 목사 (오륜교회 청년국장, 다니엘기도회 운영팀장)

복음은 명료하다. 십자가의 도는 너무나도 단순하여 그 복음의 진리를 받아들이는 우리가 당황스러울 정도이다. 그러나 결코 복음은 가볍지 않다. 그와 관련하여 성도 된 우리는 진지하게 우리가 누리고 있는 구원의 감격에 대해 생각해 봐야 한다.

이 책은 구원에 관한 오염된 우리의 생각을 성경적 가르침으로 인도하여 구원의 확신에 대한 견고함을 더해주는 책이다. 특별히 모태신앙을 가진 성도들을 비롯하여 오랫동안 신앙생활을 하였지만, 구원의 확신에 대해 깊이 있게 고민해 보지 않았던 성도들에게 이 책을 추천한다. 그뿐만 아니라 날카로운 이성의 잣대로 자신의 신앙을 분석하고 점검하고 있는 청년들에게 강력히 추천한다.

이제 한국교회는 "넓이보다는 깊이"를 추구해야 할 때가 왔다. 구원은 우리의 영역이 아닌 하나님의 영역이라는 구원에 관한 성경의 기본 진리로 돌아가야 한다. 이 책을 통해 그 깊은 하나님의 은혜의 바다로 나아가, 내가 얻은 구원이 얼마나 풍성한지 깨닫게 될 것이다.

추천의 글

정석원 목사 (예수향남교회 협동목사, 『청소년 기도 많이 걱정 조금』 저자)

"구원의 확신이 있으십니까?"라는 질문은 교회 안에서 듣기 힘든 말이 되었다. 여러 이유들이 있을 것이다.

먼저는 특정 이단에서 무분별하게 사용한 탓이다. 구원의 확신에 관한 질문을 포교의 전략으로 삼았기 때문이다. 사람들에게 "구원의 확신이 있으세요?"라고 묻는다. "그렇다"고 말하면 '구원받은 정확한 날짜와 시간'을 요구하면서 자신들의 이단 교리를 개진하는데 디딤돌로 사용했다. 이 이단의 활발한(?) 활동으로 인해 구원에 관한 질문은 조심스러워졌다.

다음은 그리스도인들이 부담스럽게 느끼는 탓이다. 구원에 대해 너무 강하게 확신하기에는 스스로가 교만하게 보이지 않을까 염려되고, 없다고 말하기에는 안 좋은 평가를 받지 않을까 하는 걱정에 부담감을 느끼기 때문이다. 그래서 많은 사람은 "잘 모르겠어요"라고 답한다.

오용과 부담감에도 여전히 구원의 확신은 그리스도인들에게 중요한 주제다. 저자의 계속되는 주장처럼, 구원의 확신은 믿음의 본질이기 때문이다. 있어도 그만, 없어도 그만의 장신구가 아니라 무조건 있어야 하는 믿음 그 자체이다. 이 책의 강점이 바로 여기에 있다. 구원의 확신이라는 믿음에 관하여 그 너비와 길이와 높이와 깊이가 어떠한지를 체계적이고 분명하게 전달하고 있기 때문이다.

이 책을 읽어나가다 보면 '구원의 확신'이라는 주제가 더 이상 부담스럽게 느껴지지 않는다. 더 깊은 확신과 소망을 지니도록 한다. 누군가를 돌보는 사람이라면, 가르치는 사람이라면, 아니 그리스도인이라면 필수적으로 읽어야 하는 책이다.

추천의 글

나도움 목사 (스탠드그라운드 대표, 『난 너의 도움이야』 저자)

　현생에 집중하다 보니 영생에 관심이 없는 세대를 보곤 한다. 그러나 인간은 코로나를 지나며 종교심과 영원을 사모하는 마음을 갖고 있다는 걸 전국을 누비며 만나는 영혼들을 통해서 오늘도 여실히 보고 있다. 결국 우리 인생은 현생을 살아가지만, 영생에 관심이 있는 것이다. 그래서 우리는 구원이 중요하다.

　구원에 대한 바른 이해와 제대로 된 구원의 확신이 필요하다. 그래서 바른 신학과 믿음에서부터 주장하는 구원, 그것을 우리는 이 책을 통해서 맛볼 수 있다. 믿음과 성화, 성도의 견인에 대한 것은 누가 볼 땐 옛 것이다. 그러나 진정한 복음은 오래된 이야기이다.

"Real Gospel is the Old story that never gets old!"

(진정한 복음은 오래된 이야기이다. 그러나 결코 낡거나 무의미하지 않다)

목차

들어가는 말

대학교에서 C.C.C 활동을 하면서 처음 접한 것이 영접기도이다. 당시 "4 영리"를 통해서 영접 기도를 하는 것이 C.C.C를 들어오는 모든 사람이 해야만 하는 관문이었다. 4가지로 요약된 복음에 관한 설명을 듣고 마지막으로 예수님을 영접한다는 기도문을 따라하는 것이 바로 영접기도다. 영접 기도를 하면, 그 순간 히브리서 13장 5절 말씀[1]을 통해 구원의 확신을 심어준다. 그 결과 영접 기도만 하면 구원의 확신은 자동으로 주어지는 것으로 인식되었다.

시간이 흐른 뒤 신학교에 들어가 신학을 배우게 되면서 영접 기도에 관한 의문이 생겼다. 영접 기도를 하면 모두 구원을 받고, 구원의 확신을 갖게 되는 것이 사실일까? 구원은 분명 은혜로 믿음을 통해서 받는 것인데, 왜 한국교회는 영접 기도로 구원과 구원의 확신을 받는 것에 대해 그 누구도 문제를 제기하지 않을까? 이러한 의문이 본 책을 기록하게 된 동기이다.

이러한 고민 가운데 실제로 논문을 쓰는 계기가 생겼고, 논문을 통해서 구원의 확신에 관해 정확히 밝히고자 노력했다. 물론, 구원의 확신에 관한 논문을 쓴다고 했을 때 주변 사람들은 그것이 이론적으로 가능하냐고 걱정했던 것이 생각난다. 하지만 오랜 고민을 개혁 신학자들의 글을 통해서

---

1) "돈을 사랑하지 말고 있는 바를 족한 줄로 알라 그가 친히 말씀하시기를 내가 결코 너희를 버리지 아니하고 너희를 떠나지 아니하리라 하셨느니라"

논문이 가능하다는 것을 발견하였다. 그리고 그 오래된 고민을 글로 해결할 수 있었다. 이 책은 그 논문을 옮겨 새롭게 엮었다.

영접 기도는 만능 치트키가 아니라, 단지 하나의 도구에 불과하다. 영접 기도 했다고 구원의 확신을 다 있는 것도 아니며, 영접 기도를 하지 않았다고 구원의 확신이 없는 것도 아니다. 구원의 확신은 예수님을 믿는 모든 사람에게 주신 하나님의 은혜이자 특권이다. 영접하는 자는 영접 기도한 사람이 아니라, 예수님을 믿는 사람이기 때문이다.

구원의 확신은 단순한 것이 아니다. 쉽게 확신할 수 있는 것도 아니다. 정확히 배우고 확신을 가져야 한다. 부족한 글이지만, 이 책이 여러 목회자뿐 아니라 다음 세대와 교사들에게 구원의 확신을 바르게 이해하는 데 있어서 도움이 되기를 바란다. 지금도 구원의 확신 문제로 씨름하고 있는 많은 그리스도인에게 작은 도움이 되길 소망한다.

학자의 삶을 살도록 도와주시고 논문을 지도해 주신 이상웅 교수님께 감사드리고, 부족한 글에 기꺼이 추천사를 써주신 존경하는 목사님들께 감사드린다. 또한 이 책을 출판하도록 이끌어 준 리바이벌북스 박준우 대표님께 감사드린다. 마지막으로 가장 헌신해 준 사랑하는 아내와 하은, 한결, 하늘이에게 늘 고맙고 사랑한다고 전하고 싶다.

2023년 6월 서재에서

1. 서론

1. 서론

1) 연구의 동기와 목적

구원에 대한 논의는 과거로부터 지금까지 논의되어 왔고, 그 논의의 중심에는 칭의와 성화가 있다. 구원을 받는 것이 '믿음에 의한 것인지' 아니면 '행위에 의한 것인지'에 대한 논의가 끊임없이 이어지고 있는 것이 사실이다.

그러나 정작 구원의 확신에 대한 논의는 활발하게 연구되지 않은 작금의 현실이다. 구원의 확신은 종교개혁자들과 청교도들에게 중요한 신학적 문제(Issue)였다.[2]

하지만 지금 시대의 교회들은 중요한 문제라고 보지 않는 경향이 있다. 그렇기에 교회에서는 성도들에게 간단한 영접 기도를 시킴으로써 구원의 확신을 심어주고 신자들은 이를 통해 구원의 확신을 한다. 그래서 그들은 가벼운 구원의 확신 또는 잘못된 구원의 확신이 있다. 그 결과 복음이 값싼 복음으로 둔갑하고, 그들은 바른 믿음을 소유하지 못함으로 나태와 방종에 빠져도 괜찮다는 오류에 빠진다.

왜 이러한 현상들이 나타났을까? 대표적으로 찰스 피니^{Charles G. Finney, 1792-}라고 R. C. 스프로울^{R. C. Sproul, 1937-2017}은 주장한다.[3] 그는 피니가 결단 전

---

2) 이진락, "웨스트민스터 신앙고백서와 구원의 확신," 「개혁논총」 제14권, (2010), 167.

3) R. C. Sproul, *Truths We Confess : A Layman's Guide to the Westminster Confession of Faith vol. 2*, 이상웅, 김찬영 공역, 『웨스트민스터 신앙고백 해설 2권』 (서울: 부흥과개혁사, 2011), 169-171.

도의 창시자라고 지적하며, 피니는 누구나 결단함으로 그리스도인이 되며, 완전히 의롭게 될 수 있다고 가르침으로 인해 결단 전도가 시작되었다.[4] 그 후 선교단체들도 영향을 받아 결단 전도를 하게 되었고, 그들의 전도법에는 "4 영리"[5]가 존재한다. 4가지의 영원한 원리로 복음을 전하고, 마지막에는 영접 기도를 시킨다. 그리고 그 이후에 히브리서 13장 5절 말씀[6]을 인용하여 구원의 확신을 얻게 한다. 그 결과 영접 기도만 하면 구원을 얻고, 구원의 확신이 있다고 주장한다. 이러한 배경에는 요한복음 1장 12절 말씀[7]에 바탕을 두고 있다. 하지만 이러한 영접 기도는 믿음에 의한 영접(Receive)이라고 보기 어렵다. 왜냐하면, 이 구절의 말씀은 이러한 영접 기도를 통해서 구원을 말하는 것이 아니기 때문이다. 만약 영접 기도를 통해서 구원을 받는 것이라면, 구원은 인간의 의지적 결단 즉, 자유의지로 가능하다는 결론에 이르게 된다. 이러한 의지적 결단은 구원의 확신의 본래적 의미를 축소하는 잠깐의 동의에 불과하다.[8] D. M. 로이드 존스D. M. Lloyd-Jones, 1899-1981도 이러한 방법은 사람들을 잘못 인도하고 있다고 지적한다.[9] 또한, Robert L. 레이몬드Robert L. Reymond, 1932-2013도 지적하기를 전도하기 위한 소책자에 의해 4가지를 구원과 관련하여 주장하지만, 피상적인 주제를 가지고는 하나

---

4) R. C. Sproul, 『웨스트민스터 신앙고백 해설 2권』, 169-171.

5) 『4 영리에 대해서 들어보셨습니까?』라는 C.C.C 선교단체에서 만든 전도용 소책자이다.

6) 히 13:5 - "돈을 사랑하지 말고 있는 바를 족한 줄로 알라 그가 친히 말씀하시기를 내가 결코 너희를 버리지 아니하고 너희를 떠나지 아니하리라 하셨느니라"(개역개정); "Keep your life free from love of money, and be content with what you have, for he has said, 'I will never leave you nor forsake you.'"(ESV)

7) 요 1:12 - "영접하는 자 곧 그 이름을 믿는 자들에게는 하나님의 자녀가 되는 권세를 주셨으니"(개역개정); "But to all who did receive him, who believed in his name, the gave the right to become children of God"(ESV)

8) 이진락, "웨스트민스터 신앙백서와 구원의 확신," 168.

9) D. M. Lloyd-Jones, Romans An Exposition of Chapter 10 Saving Faith, 서문강 역, 『로마서 강해(X): 이신칭의』 (서울: 기독교문서선교회, 2007), 203.

님의 구원계획이 될 수 없다고 주장한다.[10] 칼빈은 로마서 10장 10절 "사람이 마음으로 믿어 의에 이르고 입으로 시인하여 구원에 이르느니라"의 말씀의 주석을 통하여 마음으로 믿고, 입으로 시인한다는 것은 신앙을 고백하는 것으로 해석하고 있음을 알 수 있다.[11] 하나님께서 구원을 마음속에 넣어 주시고,[12] 그것을 입으로 시인함으로 구원에 이르는 것이라고 설명한다.[13] 여기서 마음과 입의 시인은 다른 말이 아니라 같은 말이다. 그러므로 구원은 영접 기도를 통해서 받는 것이 아니라 예수 그리스도를 믿음[14]으로 받는 것이다.

개혁신학의 일반적인 구원의 서정은 "소명-중생-회심-믿음-칭의-수양-성화-견인-영화"이다.[15] 이에 따르면 믿음 앞에 소명, 중생, 회심이 있다. 영접 기도의 문제는 소명, 중생, 회개도 없이 믿음을 선포하는 것은 단순한 지식적 동의를 믿음으로 착각하고 고백하는 것이다. 그것은 인간의 결단 즉, 자유의지로 구원이 가능함을 주장하는 것이다. 그래서 예수 그리스도를 믿기로 결단하고 영접해도 죄에 대해서 회개하지 않는다. 그러나 회개 없는 믿음은 없다.

---

10) Robert, L, Reymond, *A New Systematic Theology of The Christian Faith*, 나용화, 손주철, 안명준, 조영천 공역, 『최신 조직신학』 (서울: 기독교문서선교회, 2004), 584. 레이몬드가 말하는 4가지는 ①여러분 자신은 죄인이므로 구원받을 필요가 있음을 인정하라. ②예수께서 죄인을 위해 십자가에 달려 돌아가셨음을 믿으라. ③여러분의 죄를 용서해 주시도록 하나님께 구하라. ④예수님을 신뢰하라. 이러한 4가지로 하나님의 영원한 구원의 계획을 확정하기에 어려움이 있음을 피력한다.

11) John, Calvin, *Calvin's New Testament Commentaries*, 존 칼빈 성경주석 출판위원회 역, 『칼빈주석신약 19』 (서울: 성서교재간행사, 2012), 333.

12) 여기서 마음은 믿음의 좌소이다.

13) Calvin, 『칼빈주석신약 19』, 333.

14) 여기서 말하는 믿음은 단순한 지식적 동의가 아니라 전 인격적으로 받는 참 믿음이다.

15) 박형룡, 『교의신학-구원론』 (서울: 은성문화사, 1975), 34.

현시대는 구원을 받는 방법이 많이 왜곡되었다. 이러한 사실은 큰 문제를 야기한다. 예수 그리스도를 믿음으로 구원을 받는 것은 모든 교회가 동일하다. 그러나 영접 기도의 방법을 통해서 충분한 구원과 구원의 확신을 주장하기 어렵다. 앞서 요한복음 1장 12절에서 언급하였듯이 참 믿음은 단순한 지식적 동의가 아니라 지식과 동의와 신뢰가 포함되기 때문이다. 그러므로 영접 기도와 피상적인 구원의 내용만으로 구원을 받고 확신을 얻는 것은 문제가 있다.

구원을 받는 방법이 잘못되었다는 것은 현시대에 큰 문제이다. 이것은 신학적인 것을 넘어서 실천적인 부분에도 큰 문제이다. 그러므로 구원을 받는 방법에 대한 논의와 구원의 확신 문제를 심도 있게 다룰 필요성이 요구된다. 구원과 구원의 확신은 매우 중요한 신학적 주제이기에 지금 구원의 확신에 대한 논구가 필요한 시점이다. 그러므로 본 책에서는 개혁신학이 가지고 있는 구원과 구원의 확신에 대해 알아봄으로써 한국교회가 영접 기도로 얻는 구원의 확신이 잘못되었음을 반성하고 올바른 개혁신학의 정립을 기대한다.

2) 연구의 범위와 방법

본 연구는 개혁신학적 관점으로 구원의 확신에 대한 연구를 소개할 것이다. 그중에서도 개혁신학의 대표적인 인물인 존 칼빈^{John Calvin, 1507-1564}의 『기독교 강요』(*Institutes of the Christian Religion*, 1559) 최종판과 『웨스트민스터 신앙
고백서』(*The Westminster Confession of Faith*, W.C.F.)를 중심으로 본 책을 개진할 것
이다. 물론 시대적 차이와 그 사이의 공백이 길다는 것은 인정한다. 그러나
로버트 레담[Robert Letham]에 의하여 웨스트민스터 신앙고백서는 칼빈주의와
연결이 되어 있음을 밝혔다.[16] 또한, 칼빈의 『기독교 강요』와 웨스트민스터
신앙고백서는 개혁신학, 특히 장로교에서는 절대적인 가치가 있는 책이다.
그러므로 이들을 중심으로 연구할 가치는 충분하며, 더 나아가 때문에 개혁
신학자들의 주장도 함께 살펴볼 것이다.

2장에서는 구원의 확신이란 무엇인가에 대해 논구하고자 한다. 첫째, 구
원의 서정에 있어서 구원의 확신의 위치에 대해 살펴볼 것이다. 구원의 서
정에서 구원의 확신이 어디에 위치함에 따라 논구 방향이 달라지기 때문이
다. 둘째, 구원의 확신에 대해 살펴볼 것이다. 구원의 확신은 두 가지로 구
분되므로 객관적 확신과 주관적 확신에 대한 논구가 필요하다. 셋째, 구원
의 확신은 믿음의 본질인지 아니면 믿음의 열매인지에 대해 살펴볼 것이
다. 두 입장이 서로 다른 것인지 아니면 연결고리가 있는지에 대한 논구가
필요하다. 넷째, 구원의 확신에 대한 성경적 증거들에 대해서 살펴볼 것이
다.

3장에서는 구원의 확신과 믿음에 대해 논구하고자 한다. 먼저, 믿음의 정
의를 살펴볼 것이다. 구원의 확신이 믿음과 관련되어 있기에 믿음에 대한
이해가 필요하다. 둘째, 구원의 확신의 근거에 대해 논할 것이다. 구원의 확

---

16) Robert Letham, *Westminster Assembly and the Reformed Faith Series 1*, 권태경, 채천석 역, 『웨스트민스터 총회의
역사』(서울: 개혁주의신학사, 2014), 46-54.

신의 근거로 여겨지는 객관적, 주관적인 근거에 대해서 논구하고자 한다.

4장에서는 구원의 확신과 성화에 대해서 개진하고자 한다. 첫째, 성화의 정의를 제시하며, 구원의 확신과 성화가 어떤 연관성이 있는지 살펴보고자 한다. 둘째, 성화와 관련지어 구원의 확신에 대한 비영구성에 대해 논하면서, 비영구성의 존재 여부를 확인할 것이다. 셋째, 구원의 확신 추구에 대해서 살펴볼 것이다. 비영구성으로 인해 신자는 구원의 확신을 잃어버렸을 때 어떠한 방법으로 추구해야 하는지 살펴볼 것이다.

5장에서는 구원의 확신과 견인에 대해서 살펴보고자 한다. 첫째, 견인이란 무엇인지 살펴볼 것이다. 견인과 구원의 확신이 서로 연결점이 있는지 살펴볼 것이다. 둘째로, 견인의 관점에서 구원의 확신에 대해서 살펴볼 것이다. 특별히 칼빈과 웨스트민스터 신앙고백서를 중심으로 살펴볼 것이다.

6장에서는 모든 내용을 종합적으로 정리하여, 결론을 내리고, 한국교회에 제언함으로 마치고자 한다.

2. 구원의 확신이란 무엇인가?

2. 구원의 확신이란 무엇인가?

먼저 구원의 확신(*Assurance*)에 대해 논의하기 위해서는 구원의 확신에 대한 올바른 개념이 필요하다. 일반적으로 구원의 확신에 대해 주관적인 측면만을 고려하지만, 구원의 확신은 주관적 확신과 함께 객관적 확신도 중요하다. 또한, 구원의 확신을 가져오는 근거를 믿음에 의한 칭의(*Justification*)라고 생각할 오해의 소지가 있다. 왜냐하면, 칭의를 믿음으로 의롭게 되는 것으로 생각하기 때문이다. 그러나 구원의 확신은 칭의에서 다뤄지는 것이 아니라 믿음에서 다뤄진다. 그리고 구원의 확신을 필수적인 요소로 보기도 하며, 그렇지 않은 경우도 있다. 구원의 확신에 관해 다양한 의견들이 존재한다.

그러므로 본 장에서는 구원 서정에서 구원의 확신 위치 문제와 구원의 확신 객관적, 주관적 확신에 대한 논구와 구원의 확신은 믿음의 본질인지 아니면 믿음의 열매인지에 대해 논구할 것이다. 마지막으로 구원의 확신에 대해 성경이 증언하는지를 확인함을 통해서 신자는 구원의 확신을 어떻게 이해해야 하는지 논구해 보고자 한다.

1) 구원 서정에 있어서 구원의 확신의 위치

구원의 서정은 개혁신학 안에서도 여러 가지로 나누어진다.[17] 그 이유는 구원의 서정이 시간적 순서가 아닌 논리적 순서이기 때문이다. 그렇기에 구원의 서정에서 어느 것이 논리적으로 먼저 오는가에 대한 논의의 차이지, 본질적인 차이는 없다. 그래서 일반적으로 개혁신학이 가지고 있는 구원의 서정은 1장 서론에서 밝혔듯이 "소명-중생-회심-믿음-칭의-수양-성화-견인-영화"이므로, 이 순서를 가지고 구원의 확신의 위치를 본 장에서 논구하고자 한다.

구원의 확신에 관한 근거를 믿음으로 인해 얻게 되는 칭의(*Justification*)라고 오해할 소지가 있다. 왜냐하면, 예수님을 믿으면 구원을 받는다고 생각하는데, 믿음으로 의롭다함을 받는 부분이 바로 칭의이기 때문이다. 이러한 점은 칭의가 가지는 독특성이다.

칭의는 법정적 선언이며, 동시에 의롭다 여김을 받는 것이다. 법정에서 의로움의 선언은 더는 죄가 없다는 것이다. 조나단 에드워즈[Jonathan Edwards, 1703-1758]도 법정적 개념을 법정 안에 판사의 역할로 이해하며,[18] 법정적 칭의는 "믿음을 통해 그리스도와 연합함으로써 그리스도의 의가 실제로 죄인의 것이 되는 의의 전가의 근거"라고 말한다.[19] 칭의는 행위로 의롭다 함을 받

---

17) 칼빈은 소명과 신앙-중생과 회심-성화-칭의-예정-부활의 순서로 다루며, A. 카이퍼(A. Kuyper)는 칭의-중생-소명-회심-신앙-성화의 순서로 다루며, H. 바빙크(H. Bavinck)는 소명-신앙과 회심-칭의-성화-영화의 순서로 다루며, L. 벌코프(L. Berkhof)는 신비적연합-외적소명-중생과 유효적소명-회심-신앙-칭의-성화-성도의 견인의 순서로 다룬다.

18) 강웅산, "특집:조나단 에드워즈의 의의 전가의 교리,"「한국개혁신학」제17권 0호, (2005), 108.

19) 강웅산, "특집:조나단 에드워즈의 의의 전가의 교리", 109.

는 것이 아니고, 오직 그리스도께서 다 이루신 완전한 순종[20]이 우리에게 전가되어 그 의를 나의 것으로 삼아주심으로 구원을 얻는 것이다. 그래서 칭의에는 "죄 사함"과 "의의 전가"가 포함된다. 이것이 칭의다. [21]

이러한 독특성으로 인해 예수님을 믿으면 구원을 받고, 구원의 확신을 얻는다고 말한다. 그래서 구원의 확신은 칭의까지 왔을 때 얻어지는 것으로 생각한다. 하지만 칭의가 선언되는 데 필요한 것이 있다. 그것은 구원의 서정에서 말하고 있듯이 칭의 앞에 위치하는 믿음이다. 그리스도를 믿는 믿음이 선행될 때, 칭의가 성립되는 것이다. 칼빈 역시 "우리는 오직 믿음을 통해서만 하나님의 자비에 의해 값없이 의롭다 함을 얻는다."(the faith, through which alone we obtain free righteousness by the mercy of God)고 강조한다. [22]

웨스트민스터 신앙고백서에서도 "믿음이 칭의의 유일한 기구"[23](faith is the alone instrument of justification)라고 말한다. 죽산 박형룡 박사(1897-1978)도 "신앙에 의한 칭의를 말하는 것이 올바른 성경적 관점"이라고 주장한다. [24]

그러므로 믿음이 없는 칭의는 존재하지 않으며, 구원의 확신에 대한 부분은 칭의의 유일한 기구인 신앙, 즉 믿음에서 그 여부를 다루는 것이 합당하다. 물론 레이몬드의 경우에는 구원의 확신을 소명에서 다루면서, 유효한 부르심의 사역은 성령의 사역을 통해서 그리스도를 영접할 수 있음을 주

---

20) 완전한 순종은 그리스도의 능동적 순종과 수동적 순종이다. 문병호 박사는 그의 책 『기독론』에서 행하신 순종과 당하신 순종으로 사용한다.

21) 문병호, 『30주제로 풀어쓴 기독교 강요』 (서울: 생명의 말씀사, 2013), 214-221.

22) John Calvin, *Institutes of the Christian Religion*, 2 vols., trans. Ford Lewis Battles, ed. John T. McNeill (Philadelphia: Westminster Press, 1960), 3. 11. 1.

23) Sproul, 『웨스트민스터 신앙고백 해설 2권』 참고, 다음부터는 W.C.F.로 표시함.

24) 김광열, "죽산 박형룡의 구원론 연구-성령론과 성화론을 중심으로-," 「조직신학연구」 제25호, (2016), 56.

장한다.[25] 그의 주장도 틀린 말은 아니지만, 대부분의 개혁신학자는 구원의 확신을 소명과 칭의가 아닌 바로 믿음에서 다루는 것을 알 수 있다.[26]

그러므로 논자는 대부분의 개혁신학자를 따라 구원의 확신을 믿음에서 다루는 것이 합당하다고 여겨진다. 비록 구원의 확신은 구원의 서정에는 포함되지 않지만, 칭의를 얻기 위한 믿음의 단계에서 다뤄지며, 믿음을 통해 구원의 확신을 얻는 것이 합당하다. 왜냐하면, 신자는 믿음에 의해 구원 받으며, 믿음이 없이는 칭의와 구원의 확신을 말할 수 없다. 구원의 확신은 다른 말로 믿음이기 때문이다.

---

25) Reymond, 『최신 조직신학』, 913.

26) Hodge의 *Systematic Theology*와 Berkhof의 *Systematic Theology*와 Hoekema의 *Saved by Grace*와 박형룡의 교의신학-구원론 등의 책을 참고하라.

2) 구원의 확신의 객관적 확신과 주관적 확신

구원의 확신은 앞서 언급한 대로 구원의 서정 중 믿음에서 다룬다. 그래서 믿음(faith)에 대한 논의가 필요하다. 믿음은 기본적으로 믿는 근거 또는 대상이 있어야 한다. 근거와 대상 없는 믿음은 맹신적인 믿음(Implicit Faith)[27] 이라고 할 수 있다. 특히 로마교회는 교회가 가르치는 대로 복종만 하면 되는 믿음을 주장했다.[28] 이러한 내용은 트렌트 회의의 규범과 신조(1563년)에서 믿음에 관해 규정을 통해 알 수 있다.[29] 그들의 주장을 보면 다음과 같다.

보통의 신자들은 교회에 의해 제안된 신앙의 모든 조항들을 이해할 수 없기에 그들이 그것을 확실한 믿음으로 다 파악할 필요는 없다. 만일 있다면 교회가 가르치는 것을 단지 수긍하고 찬동하는 정도의 의심없는 믿음 (fides implicita)이면 족하다.[30]

위에 적시한대로 로마교회는 신자들이 교회가 가르치는 대로 받아들이고, 찬동만 하면 된다고 가르친다. 그들에게 믿음은 어떠한 역할을 하는 것이 아닌 단순한 의심 없는 믿음에 불과하다. 그래서 그들은 "신자는 개인의 구원에 관하여 절대적인 확신을 소유할 수 없고, 있다면 구원의 상실의 가

---

27) 로마교회는 의심 없는 믿음을 주장했다. 그들은 믿음의 필수적 선행조건으로 의심 없는 신앙을 주장하였다.

28) Anthony A. Hoekema, *Saved by Grace*, 류호준 역, 『개혁주의 구원론』 (서울: 기독교문서선교회, 1991), 230.

29) Hoekema, 『개혁주의 구원론』 228.

30) Hoekema, 『개혁주의 구원론』 229.

능성을 배제하지 않는 추측적인 확신 정도"로 이해한다.[31] 그러므로 로마교회의 믿음은 의심없는 믿음으로 결코 구원의 확신을 가질 수 없으며, 다만 추측적인 확신에 불과한 가르침일 뿐이다.

칼빈 역시 로마교회의 의심 없는 믿음에 대해 강한 어조로 비판한다.

> 그들은 믿음을 모호하게 정의함으로써 믿음의 완전한 의미를 악화시키고 거의 소멸시킬 뿐만 아니라, "맹신"이라는 허구를 만들어 내었다. … (중략) … 아무것도 이해하지 못하더라도 우리의 감정을 순종적으로 교회에 복종시키기만 하면 된다는 식으로 생각하는 것, 이것이 과연 믿음이 의미하는 바인가? 믿음은 무리에 근거하는 것이 아니라 지식에 근거한다. 그리고 이 지식은 실로 하나님에 대한 지식뿐만 아니라, 하나님의 뜻에 대한 지식을 가리킨다.[32]

위 칼빈이 지적한 것처럼 기독교는 로마교회가 주장하듯이 단순하게 의심 없는 종교가 아니다. 만약 교회에서도 믿기만 하면 된다는 식으로 믿음을 주장한다면, 그 믿음은 로마교회가 주장하는 의심 없는 믿음에 불과하다. 믿음은 지식과 의지만으로 생기지 않으며, 근거가 없는 것은 의심 없는 믿음이다. 칼빈은 믿음이 지식에 근거함을 역설하고 있다.[33] 그 지식은 하나님을 아는 지식이며, 이 지식은 성경에 근거한다. 그리고 성경을 통해서 믿는 것이다.

---

31) Hoekema, 『개혁주의 구원론』, 229.

32) Calvin, *Institutes*, 3.2.2.

33) Calvin, *Institutes*, 3.2.2.

2-1) 객관적 확신

일반적으로 신자들은 구원의 확신에 대해 말할 때 주관적인 확신의 관점 (개인적인 확신)만 부각하는 측면이 있다. 이러한 생각은 구원의 확신에 대한 오해이다. 루이스 벌코프^{Louis Berkhof, 1873-1957}는 객관적 확신과 주관적 확신 의 존재를 천명하고 있으며 그에 대한 정의를 내려준다.[34] 그 내용은 다음 과 같다.

> 객관적 신앙의 확신, 즉 "그리스도가 그가 천명한 모든 것이 되시며, 그가
> 약속한 모든 것을 행하실 것이라는 확고하고 의심 없는 확신"이 있다. 이
> 러한 확신이 신앙의 본질에 속한다는 것은 일반적으로 동의되고 있다. 주
> 관적 신앙의 확신, 즉 안정과 평안을 느끼게 하며, 많은 경우 "개별적 신자
> 가 자신의 죄가 용서되고 영혼이 구원받았다는 것을 확신함에 따라 일어
> 나는 은혜와 구원에 대한 확신"이다.[35]

위 인용문에 의하면, 구원의 확신을 두 부분으로 나눌 수 있는데, 그것은 객관적 확신과 주관적 확신이다. 객관적 확신은 신앙의 본질로써 그리스도 의 사역[36]을 통해서, 그리고 그리스도께서 다 이루신 의를 전가하여 신자의 것으로 삼아주시는 것이며, 확실한 약속에 근거하는 것이다. 주관적 확신

---

34) Louis Berkhof, *Systematic Theology*, 권수경·이상원 역, 『벌코프 조직신학』 (서울: 크리스챤다이제스트, 2005), 758.
35) Berkhof, 『벌코프 조직신학』 758.
36) 능동적 순종과 수동적 순종을 말한다.

은 신자가 개인적으로 죄 사함과 구원받음을 확신하는 것이다.

이에 근거하여 객관적 확신에 대해서 먼저 확인해 보면, 죽산 역시 객관적 확신에 대해 동일하게 주장하고 있으며,[37] 칼빈에 의해서도 객관적 확신에 대해 강하게 주장하고 있음을 다음과 같이 알 수 있다.

> 믿음이란 우리를 향한 하나님의 자비를 확고하고도 확실하게 아는 것이라고 말할 수 있다. 그리고 이러한 지식은 그리스도 안에서 값없이 주어진 약속의 신실성에 근거를 두고 있고, 성령으로 말미암아 우리에게 계시되었을 뿐 아니라 우리의 마음에 인친 바 된 것이다.[38]

이처럼 구원의 객관적 확신은 결국 하나님의 자비와 신실하심에 있고, 그리스도 안에서 그가 이루신 의를 우리에게 값없이 주시는 약속에 근거를 두고 있다. 그리고 성령에 의해 신자에게 계시하시고 인치신 것이다.

이러한 주장에 대해 리처드 멀러[Richard A. Muller]는 "확실하고도 확고한 구원의 약속으로 오직 그리스도만을 바라보도록 한다"고 강조한다.[39] 이렇게 객관적 확신은 그리스도께서 이루신 의를 값없이 주신 것과 하나님의 자비하심과 약속을 신실하게 이루심에 확신을 둘 수 있으므로 객관적 확신은 흔들릴 수 없는 것이다.

동일하게 웨스트민스터 신앙고백서에서도 객관적 확신에 관해 주장한다. 웨스트민스터 신앙고백서에 의하면, "구원적 신앙의 주요한 행위들은

---

37) 박형룡, 『교의신학-구원론』, 34.

38) Calvin, *Institutes*, 3. 2. 7.

39) Richard A. Muller, *Calvin and the Reformed Tradition*, 김병훈 역, 『칼빈과 개혁전통』 (서울: 지평서원, 2017), 424.

은혜 언약의 효력에 의하여 칭의, 성화, 영생을 위해 그리스도만 믿고, 받으며, 의뢰하는 것"이라고 주장한다.[40] 이러한 주장은 객관적 확신으로 볼 수 있는데, 은혜 언약의 효력은 하나님께서 신실하게 약속을 이행하시겠다는 의미이며, 그리스도만 믿고, 받으며, 의뢰한다는 것은 그리스도의 의의 전가를 설명한 것이다.

스프로울은 웨스트민스터 신앙고백서 제14장 2항을 해석하면서 다음과 같이 말한다.

> 이 믿음으로 말미암아, 그리스도인은 말씀 안에 계시되어 있는 것은 무엇이든지 참된 것으로 믿는다. 그리스도인으로서 우리는 성령에 의하여 그리고 하나님의 은혜로 말미암아 중생했고 구원하는 믿음이 우리 영혼에 주어졌다. 이 믿음으로 말미암아 우리는 그리스도를 붙잡고 우리의 칭의를 받는다.[41]

스프로울 역시도 객관적 확신이라는 단어는 쓰지 않았지만, 객관적 확신에 대한 개념을 암시하고 있다. 또한, 그는 '무조건적인 신앙'(Fides Implicita)[42]의 개념을 말하면서 "어떤 특정한 원천이 신뢰할 만하다고 여겨지기 때문에 그 원천이 말하는 것은 무엇이든 자동적으로 받아들이는 것"이라고 주장한다.[43] 하나님에 대한 지식이 있을 때 무조건적 신앙을 얻게 된다. 이렇

---

40) W.C.F., 14, 2.

41) Sproul, 『웨스트민스터 신앙고백 해설 2권』, 181.

42) 로마교회에서 말하는 교회가 가르치는 그대로 믿는 개념이 아니다.

43) Sproul, 『웨스트민스터 신앙고백 해설 2권』, 180.

듯 구원의 확신에서 객관적 확신은 그리스도의 사역을 통하여 그리스도께서 완전히 이루신 의를 붙잡고 반드시 이행하실 것이라는 약속이다. 그리고 구원의 객관적 확신은 하나님의 신실하심에 기초한다. 하나님의 신실하심이 없다면, 확신은 거짓이 되기 때문이다.

2-2) 주관적 확신

주관적 확신은 앞서 벌코프가 주장한 대로, 개별적으로 신자의 죄가 용서받고 영혼이 구원받았다는 확신이다.[44] 앞서 객관적인 확신은 결코 흔들리거나 약화될 수 없는 것이라면, 반대로 주관적 확신은 신자 개개인에 따라 약해지거나, 정도의 차이가 존재한다. 칼빈은 구원의 확신이 믿음의 본질이라고 주장하지만, 정도의 차이를 인정한다.[45] 그가 이러한 차이를 인정하는 것은 믿음의 불완전성 때문이다.[46] 그러나 그 불완전성 때문에 확신이 없는 것이 아니라 결국 극복하여 승리할 것을 말한다.[47]

이러한 주장은 웨스트민스터 신앙고백서 제14장 3항에서 제시해 준다.

이 믿음은 약하거나 강한, 정도의 차이가 있어서, 종종 그리고 여러 방식으로 공격을 당하고 약해질 수 있지만 승리를 얻는다. 그리고 여러모로

---

44) Berkhof, 『벌코프 조직신학』 758.

45) Calvin, *Institutes*, 3. 2. 19.

46) Calvin, *Institutes*, 3. 2. 18.

47) Calvin, *Institutes*, 3. 2. 18-19.

자라서 그리스도를 통하여 충만한 확신에 이르게 되는데, 이는 그리스
도께서 우리 믿음의 창조자며 동시에 완전하게 하시는 분이시기 때문이
다.[48]

위 인용문에서 보듯이 주관적 확신에 대해 개인적인 신앙에 정도의 차이
가 있음을 인정한다. 그리고 여러 방식으로 공격을 당하지만 믿음은 자라
서 확신에 이르게 된다고 주장한다. 웨스트민스터 신앙고백서에서도 정도
의 차이와 믿음의 불완전성을 인정하지만 자라서 승리할 것을 주장한다.

스프로울도 웨스트민스터 신앙고백서를 해석하면서 다음과 같이 주장한
다.

신자는 심각한 죄에 빠질 수 있다. 나는 성령 훼방하는 죄 이외에는, 진실
로 중생한 신자도 어떤 죄든 범할 수 있다고 생각한다. 중생한 사람도 살
인을 범하고 간음을 범하고 공개적으로 그리스도를 부인한다. 그러나 지
속적으로는 그렇게 하지 않는다. 그리스도인도 심각하게 극단적으로 타
락할 수 있지만 완전히 그리고 최종적으로 타락할 수 없다.[49]

스프로울의 신앙고백서의 해석처럼 죄의 가능성과 믿음의 연약함과 정
도의 차이를 인정하지만, 그것이 신자의 구원을 타락시키지 못한다. 그리
고 그 근거를 자신의 믿음에 두지 않고 믿음의 창조자이신 그리스도께 둠으

---

48) W.C.F., 14, 3.
49) Sproul, 『웨스트민스터 신앙고백 해설 2권』, 186.

로 하나님께서 시작한 일은 끝까지 이루신다는 약속의 확신이다.[50] 이처럼 주관적 확신은 객관적 확신에 기초를 두기 때문에 비록 믿음의 정도에 따라 흔들릴 수 있으나 결국 승리한다는 것으로 이해됨으로써 은혜 안에서 주관적 확신을 가지고 살아갈 수 있다.

지금까지 살펴본 것처럼 구원의 확신에는 객관적 확신과 주관적 확신이 존재한다. 객관적 확신은 하나님께서 약속하신 것을 신실하게 이행하시는 하나님의 신실성과 그리스도께서 이루신 의의 전가와 반드시 이루신다는 약속을 붙잡는 것이다. 주관적 확신은 신자 개인에게 주어진 것으로 믿음의 정도에 따라 흔들릴 수 있으나 결국은 믿음의 창조자이신 그리스도께 의지함으로 승리할 것을 확신하는 것이다.

그렇다면, 두 확신에 대해 살펴봐야 할 것은 객관적 확신과 주관적 확신의 관계성이다. 전자만 취할 경우 피상적인 신앙에만 머물게 될 것이고, 후자만 취할 경우 확신만 강조하여 율법주의나 열광주의 신앙에 빠질 위험이 있다.[51] 이에 따라 이 두 확신의 관계를 좀 더 명확하게 이해할 필요가 있으며, 두 가지가 다른 확신이 아닌 유기적으로 연결되어 있다는 사실로 중요성을 갖는다. 이처럼 구원의 확신은 이중 확신을 함께 가지고 가야 할 것이다.

50) Sproul, 『웨스트민스터 신앙고백 해설 2권』, 193.
51) 이진락, "웨스트민스터 신앙고백서와 구원의 확신", 169.

3) 구원의 확신은 믿음의 본질인가? 아니면 열매인가?

구원의 확신이 믿음의 본질인지, 열매인지 논구하기 전에 선행되어야 하는 것은 구원의 확신을 소유할 수 있는가이다. 구원의 확신을 소유하는 것은 불가능하다고 로마교회는 주장한다. 로마교회는 트렌트 공의회 (*Tridentine Council*)에서 "죄 사함에 대한 확신은 공허하고 불경건한 확신"이라고 선언하였다.[52] 그 결과 로마 교인들은 구원의 확신에 대해 매우 부정적으로 생각했다. 로마교회의 가르침과 교리에 대해서는 확신을 하지만, 신자의 구원은 확신하지 못한다.[53] 그리고 그들은 "하나님이 그리스도인에게 어떤 비범하고 특별한 계시를 주지 않는다면 구원의 확신을 가질 수 없다는 일반적인 원칙"을 가르쳤다.[54] 이처럼 로마교회는 사실상 구원의 확신을 거부한 것이다.

로마교회가 구원의 확신을 소유하는 것이 불가능하다는 이유는 그들의 구원관과 밀접한 관계가 있다. 그들은 구원을 하나님과 인간의 협력, 즉 선행에 의해서 획득된다고 가르치기 때문이다. 그래서 신자들은 결코 구원의 확신을 가질 수 없는 것이다.[55] 그들은 분명히 구원을 얻는 신앙에 공로가 있음을 주장한다.[56] 이러한 주장에 대해 헤르만 바빙크Herman Bavinck, 1854-1921

---

52) J. C. Ryle, *Assurance: How to Know You Are a Christian*, 김태곤 역, 『구원의 확신』 (서울: 생명의 말씀사, 2011), 30.

53) Hoekema, 『개혁주의 구원론』 242.

54) Sproul, 『웨스트민스터 신앙고백 해설 2권』 338.

55) Hoekema, 『개혁주의 구원론』 242.

56) 문병호, 『칼빈신학: 근본 성경교리 해석』 (서울: 지평서원, 2017), 386. 문병호 박사에 의하면 트렌트회의 때 사랑이 결여된 믿음은 갖추어지지 않는 신앙(*fides informis*)이라고 부르면서, 이를 갖추어진 신앙(*fides formata*)과 구별한다고 한다.

는 로마교회에서 그리스도인의 믿음에 관해 "내가 어떻게 해서 교회의 법령을 지키며 또한 어떻게 해야만 그 법령의 판단과 선포에 따라 영원한 생명을 얻는가?"라고 질문한다.[57] 그 이유는 구원에 관한 모든 것을 로마교회가 알아서 해주기 때문에 그들은 염려할 필요도 없고, 확신에 대해서도 부정적인 견해를 가지고 있다.[58]

이러한 로마교회의 주장에 개혁자들은 그들의 구원관에 반대되는 견해를 주장한다. 첫째, 구원의 확신은 믿음의 본질이라는 입장이며, 둘째, 구원의 확신은 믿음의 열매라는 입장이다. 이러한 두 입장은 개혁신학 안에서도 나누어지는데, 그중 구원의 확신은 믿음의 본질이라는 입장에 대해 먼저 논구해보고자 한다.

3-1) 구원의 확신에 있어서 믿음의 본질

칼빈은 구원의 확신을 믿음의 본질이라는 견해를 취한다. 그는 구원의 확신을 가능성이 아닌 믿음의 본질로 이해하는 것을 볼 수 있다.[59]

믿음이란 우리를 향한 하나님의 자비를 확고하고도 확실하게 아는 것이라고 말할 수 있다. 그리고 이러한 지식은 그리스도 안에서 값없이 주어

---

57) Herman Bavinck, *De Zekerheid Des Geloofs*, 허동원 역, 『믿음의 확실성』 (고양: 우리시대, 2019), 73-74.
58) Bavinck, 『믿음의 확실성』 74.
59) Hoekema, 『개혁주의 구원론』 243.

진 약속의 신실성에 근거를 두고 있고, 성령으로 말미암아 우리의 정신에 계시되었을 뿐 아니라 우리의 마음에 인친 바 된 것이다.[60]

칼빈에 따르면 믿음에 대한 정의 안에 확신이 포함됨을 주지시킨다. 또한 "믿음이란 말은 흔히 확신이란 뜻으로 사용되기도 한다."[61]고 주장하며 믿음과 확신이 동의어로 사용되기도 함을 논한다.[62] 또한, 그는 "확신이 없는 순간 믿음은 사라진다."[63]라고 주장하며, "우리의 믿음의 지식이 이해가 아니라 확신"[64]이라고 결론을 지으며, "믿음이 하나님의 진실성을 확신하는 것"[65]이라고 주장한다. 이처럼 칼빈은 확신과 믿음을 동일하게 보았으며, 그것은 구원의 확신이 믿음의 본질이라는 입장이다.

그렇다고 칼빈이 완벽한 확신을 주장한 것은 아니다. 그는 "확실히 우리는 믿음이 확실하고 확고한 것이어야 한다고 가르치면서 의심의 기미가 없는 확증이나 어떤 불안에 의해 침식당하지 않는 확신은 상상할 수 없다."고 말한다.[66] 그리고 그는 약한 믿음이 존재하며, 믿음은 전진한다고 말함으로써[67], 완벽한 확신으로 나아갈 것을 주장한다. 그러므로 칼빈에게 있어서 확신은 믿음의 본질이며, 약할 수 있지만 참 믿음이다.

바빙크도 확신에 대해 "믿음의 확신은 가장 심오하고 본질적이며 귀한 동

---

60) Calvin, *Institutes*, 3. 2. 7.
61) Calvin, *Institutes*, 3. 2. 15.
62) Calvin, *Institutes*, 3. 2. 15.
63) 문병호, 『칼빈신학: 근본 성경교리 해석』, 388.
64) Calvin, *Institutes*, 3. 2. 14.
65) Calvin, *Institutes*, 3. 2. 42.
66) Calvin, *Institutes*, 3. 2. 17.
67) Calvin, *Institutes*, 3. 2. 19.

시에 그 무엇보다도 강하다.”고 주장한다.[68] 그리고 구원의 확실성에 대해 말하면서 “이 확실성은 처음부터 믿음에 포함되어 있으며 때가 되면 믿음에서 유기적으로 발생한다. 믿음은 확실성이며 그럼으로써 모든 의심을 배제한다.”고 강조한다.[69] 또한, 그는 “피난처를 취하는 신뢰와 확신이 있는 신뢰 사이를 구분해야 한다.”고 말한다.[70] 그리고 그사이에는 여러 가지 단계가 있고, 단계에 따라 발전하며, 의심과 갈등 이후에 비로소 확신을 얻는다고 주장한다.[71] 그리고 그는 “확신은 믿음에 매우 필수적이며, 확신은 믿음을 발생하게 하고, 확신 없는 믿음은 존재하지 않는다.”라고 천명한다.[72] 이처럼 바빙크는 구원의 확신은 믿음의 본질이며, 믿음은 점점 발전한다고 칼빈과 동일한 견해를 가지고 있다.

에드워즈 역시 믿음의 확신을 믿음의 본질로 이해하며,[73] 이상웅 박사에 의하면 “에드워즈는 믿음과 확신을 거의 구분하지 않고 있음을 보여준다. 즉 참된 믿음이 있는 자 속에는 확신이 있다고 그는 생각했다.”라고 말한다.[74] 에드워즈도 구원의 확신을 믿음의 본질로 주장한 것이다.

다음으로, 개혁신학의 신조를 살펴보는 것이 필요하다.

첫 번째로, 『하이델베르크 요리문답』(Heidelberger Katechismus) 21문 “참된 믿음이란 무엇입니까?”에 대한 답을 보면 다음과 같다.

---

68) Bavinck, 『믿음의 확실성』 63.

69) Bavinck, 『믿음의 확실성』 133.

70) Herman Bavinck, Gereformeerde Dogmatiek, 박태현 역, 『개혁교의학3』 (서울: 부흥과개혁사, 2011), 666.

71) Bavinck, 『개혁교의학3』 667. 바빙크는 피난처를 취하는 신뢰와 확신 사이에 단계를 깨달은 자, 설득된 자, 근심하는 자, 구원을 갈망하는 자, 작고 연약한 믿음을 가진 자 등이 있다고 한다.

72) Herman Bavinck, Gereformeerde Dogmatiek, 박태현 역, 『개혁교의학4』 (서울: 부흥과개혁사, 2011), 134.

73) 이상웅, 『조나단 에드워즈의 성령론』 (서울: 부흥과 개혁사, 2009), 258.

74) 이상웅, 『조나단 에드워즈의 성령론』 259.

참된 믿음은 하나님께서 그의 말씀 안에서 우리에게 계시하신 모든 것을 참된 것으로 여기는 확실한 지식일 뿐 아니라, 성령님께서 복음으로써 내 마음속에 일으키신 굳은 신뢰입니다. 곧 순전히 은혜로, 오직 그리스도의 공로 때문에 하나님께서 죄 사함과 영원한 의로움과 구원을 다른 사람뿐 아니라 나에게도 주심을 믿는 것입니다.[75]

위 요리문답에 의하면 참된 믿음은 확실한 지식이며, 굳은 신뢰이다. 즉 확신이라는 용어로 구원하는 믿음을 묘사하는 것이다.[76] 벌코프 역시 구원의 확신을 신앙의 본질에 속하는 것으로 동의하며[77], 죽산 역시 "신앙의 신뢰(fiducia)는 사죄의 확신으로 구성되며, 구원의 확신은 신앙의 본질에 속한다고 생각하였다."라고 말한다.[78] 이렇게 후크마, 벌코프, 죽산의 주장대로 『하이델베르크 요리문답서』도 구원의 확신을 믿음의 본질로 이해하고 있다.

두 번째로, 『벨직 신앙고백서』(Belgic Confession) 22항을 보면, "믿음을 통하여 예수 그리스도를 소유할 자는 그 안에 온전한 구원을 소유하고 있다"고 고백한다.[79] 후크마에 의하면, "이 말은 직접적이지는 않지만 믿음이 온전한 구원을 소유한다는 의미에서 참된 믿음은 확신을 포함한다."고 말한다.[80] 『벨직 신앙고백서』도 구원의 확신은 믿음의 본질이라고 본 것이다.

---

75) 김의환, 『개혁주의 신앙고백』 (서울: 대한예수교장로회 총회, 2011), 133.
76) Hoekema, 『개혁주의 구원론』, 247.
77) Berkohof, 『조직신학』 759.
78) 박형룡, 『교의신학-구원론』, 262.
79) 김의환, 『개혁주의 신앙고백』, 132.
80) Hoekema, 『개혁주의 구원론』, 247.

셋째로, 『도르트 신조』(Canon of Dort) 다섯 번째 교리 : 성도의 견인의 제9장은 다음과 같이 말한다.

참된 신자들은 그들이 지닌 믿음의 정도에 따라 구원을 얻도록 하나님께서 택하여 주심과 믿음으로 성도를 보존해 주심에 대한 확신을 갖는데, 이 확신을 따라서 그들은 그들 스스로가 하나님의 교회의 참 지체가 되며 앞으로도 계속 지체가 된다는 사실과 죄 사함을 얻어 영생에 이르게 된다는 것을 분명히 믿는 것이다.[81]

위 인용문에 의하면 참된 신자는 믿음으로 하나님의 택하여 주심과 믿음에 의해 신자를 지켜주심에 대한 확신을 갖고, 이 확신에 의해서 구원을 믿는다고 주장한다. 이어서 제10장에서는 다음과 같이 말한다.

그러나 이 확신은 하나님의 말씀이 제시해 주는 것과 어긋나는 그 어떤 방식으로 이뤄지는 것이 아니라 우리의 위로가 되시는 그 계시된 말씀, 즉 하나님의 약속 안에서의 믿음으로만 이뤄지는 것이요, 우리는 하나님의 자녀이며 그 기업이 된다고 말하는 성령의 증거로서 되는 것이다(롬 8:16). 또한, 이 성령은 우리로 하여금 선한 양심을 가짐으로 선한 일을 이루도록 하신다. 만일 하나님에 대한 약속을 소유하지 못할 때는 모든 사람 중에서 가장 불쌍한 자가 되는 것이다.[82]

---

81) 김의환, 『개혁주의 신앙고백』, 167.
82) 김의환, 『개혁주의 신앙고백』, 169.

위 인용문에 대해 죽산은 "오직 하나님의 약속으로부터, 성령의 증언으로부터, 선한 양심의 운행과 선한 행실의 동작으로부터 일어나며 신앙의 분량에 의하여 누려진다는 견해를 취하였다. 이것은 확신이 어떤 정도로 신앙의 본질에 속한다는 것을 함의한다."고 주장한다.[83] 벌코프 역시 동일하게 주장하였다.[84] 그러므로 구원의 확신이 믿음의 본질이라는 입장은 믿음과 구원의 확신을 동일하게 사용하며, 그 근거를 하나님의 약속과 진실성에 기초하며, 객관적 확신과 같은 입장이다. 그래서 결코 떨어질 수 없는 관계이다.

3-2) 구원의 확신에 있어서 믿음의 열매

구원의 확신은 믿음의 열매라는 입장에 대해 알아보자. 이 입장을 가장 정확히 주장한 문서는 웨스트민스터 신앙고백서이다. 웨스트민스터 신앙고백서는 개혁신학 신조 중 유일하게 구원의 확신을 믿음의 본질로 보지 않는다. 웨스트민스터 신앙고백서 제18장은 은혜와 구원의 확신에 관해서 가르치는데, 3항을 보면 다음과 같다.

이러한 틀림없는 확신은 믿음의 본질에 속하는 것이 아니라 참 신자가 그
확신에 참여하기 전에 그는 오래 기다리고 많은 어려움으로 갈등할 수 있

---

83) 박형룡, 『교의신학-구원론』 262.
84) Berkhof, 『조직신학』 759.

다. 그러나 그는 성령으로 말미암아 하나님이 자신에게 값없이 주신 것들을 알 수 있기 때문에, 특별한 계시 없이도, 통상적인 수단들을 바르게 사용해서 그러한 확신에 도달할 수가 있다. 그러므로 모든 신자는 자신의 부르심과 택하심을 확실하게 하기 위해서 열심을 다할 의무가 있다. 그렇게 함으로써 그의 마음은 성령 안에 있는 평강과 희락으로 넓어지도록, 하나님께 대한 사랑과 감사로, 그리고 순종의 의무에 있어서 힘과 자발적인 마음으로 넓어진다. 이러한 것들은 확신의 마땅한 열매들이다. 따라서 이 확신은 사람들을 결코 방탕한 생활로 이끌지 않는다.[85]

위에 따르면 구원의 확신을 신앙의 본질 즉, 믿음의 본질이 아니라고 정확히 주장한다.[86] 스프로울은 이 부분을 해석하면서 "구원의 확신을 소유하는 것은 믿음에 본질적인 것은 아니다. 구원의 확신은 그리스도를 자신의 구원자로 믿는 것과 같이, 구원에 본질적인 것이 아니다."고 주장한다.[87] 죽산도 웨스트민스터 신앙고백서는 믿음의 본질로 이해하는 것을 거부하고, 믿음의 열매라고 강조한다.[88] 다시 말해 웨스트민스터 신앙고백서는 구원의 확신은 믿음의 본질이 아니기에 반드시 소유할 필요가 없으며, 비록 구원에 대한 의심과 갈등이 있을지라도 구원을 받을 수 있다고 주장한다.[89]

이에 관해 벌코프는 웨스트민스터 신앙고백서에서 주장하는 구원의 확신에 대해 "일부 장로교 신학자들에게 개인적 확신을 신앙의 본질에 속한

85) *W.C.F.*, 18.3.
86) *W.C.F.*, 18.3.
87) Sproul, 『웨스트민스터 신앙고백 해설 2권』, 334.
88) 박형룡, 『교의신학-구원론』, 262.
89) Sproul, 『웨스트민스터 신앙고백 해설 2권』, 335.

다는 것을 부인하는 계기를 제공했다. 하지만 이 고백서는 이렇게 말하고 있지 않으며, 이를 가르치려고 의도한 것이 아니라는 충분한 이유가 존재한다.”고 말한다. [90] 벌코프의 말처럼 웨스트민스터 신앙고백서가 의도하지 않았지만 분명한 것은 구원의 확신이 신앙의 본질이 아니라는 견해를 열어주는 계기가 되었다.

또한, 죽산은 “웨스트민스터 신도게요서는 확신을 신앙의 본질에 속하는 것으로 보기를 거절하나 오히려 이것의 실재성을 강조로 단언한다.”고 주장한다. [91] 이상웅 박사에 의하면 죽산은 다음과 같이 주장함을 피력한다.

주관적 확신이 신앙의 본질에 속한다고 주장하는 카이퍼, 바빙크, 벌코프의 견해를 언급한 후에, 이와는 대조적으로 웨스트민스터 신앙고백서나 하지 부자, 그리고 댑니 등의 미장로교 신학 전통에서는 신앙의 과실설을 주장한다고 하면서 전자보다 후자를 자신의 입장으로 취한다. [92]

그리고 “그와 같은 입장을 취하는 결정적인 요인은 웨스트민스터 신도게요가 이 방향을 지시한다는 것은 우리의 결론의 중대한 원인이기 때문”이라고 말한다. [93] 이처럼 죽산은 구원의 확신을 믿음의 열매로 주장하지만, 구원의 확신이 신앙의 본질이 아니라는 것에 초점을 두지 않고, 실재성을 강조한다. 실재성이란 믿음을 가지고 살아가는 신자들의 실제적인 삶의 영

---

90) Berkhof, 『조직신학』 759.
91) 박형룡, 『교의신학-구원론』 262.
92) 이상웅, 『박형룡신학과 개혁신학 탐구』 (서울: 도서출판 솔로몬, 2019), 249.
93) 이상웅, 『박형룡신학과 개혁신학 탐구』 249.

역 안에서 나타나는 의심과 갈등으로 인해 구원의 확신을 잃어버릴 수 있고, 다시 열매를 맺을 수 있는 경험과 의식을 말한다.[94] 즉 죽산은 구원의 확신에 대해 믿음의 본질과 믿음의 열매라는 입장은 강조점의 차이라고 말하지만, 열매로 주장한 것이다.[95]

또한, 대표적 청교도 신학자 중 윌리엄 에임스[William Ames, 1576-1633]는 "정통주의자들이 칭의하는 신앙을 확신이라고 지칭하는 것은 부당한 일은 아니다."라고 말하지만,[96] 확신은 항상 있는 것이 아니며, 수많은 단계가 존재한다고 주장한다.[97] 그래서 그는 수많은 단계로 열매를 맺어야 하므로 구원의 확신을 믿음의 본질이 아닌 열매로 주장한다.[98] 토마스 브룩스[Thomas Brooks, 1608-1680]도 구원의 확신을 믿음의 본질로 주장하지 않는다. 그는 다음과 같이 주장한다.

> 확신은 그리스도인의 행복에 있어서 필요조건이지만 그리스도인의 신분을 결정짓는 필요조건은 아닙니다. 확신은 그리스도인이 누리는 위로에 있어서는 필요조건이지만 그리스도인의 구원을 결정 짓는 필요조건은 아닙니다. 믿음이 없는 사람은 구원을 받을 수 없지만, 확신이 없어도 구원은 받을 수 있습니다.[99]

---

94) 박형룡, 『교의신학구원론』 265.
95) 박형룡, 『교의신학구원론』 265.
96) William Ames, *The Marrow of Theology*, 서원모 역, 『신학의 정수』 (서울: 크리스찬다이제스트, 1992), 217.
97) Ames, 『신학의 정수』 217.
98) Ames, 『신학의 정수』 222.
99) Thomas Brooks, *Heaven on Earth : A Treatise on Christian Assurance*, 이태복 역, 『지상에서 누리는 천국』 73.

위 인용문에서 언급했듯이 구원의 확신은 믿음의 본질이 아니므로 확신은 그리스도인의 신분을 결정짓거나, 구원을 결정짓는 조건이 아니라고 설명한다. 그리고 그는 구원의 확신은 그리스도인의 행복과 그리스도인이 누리는 위로를 주장[100]하는데, 이러한 주장은 구원의 확신을 믿음의 열매로 보는 것이다.

지금까지 구원의 확신은 믿음의 본질인지 아니면 믿음의 열매인지에 대해서 살펴보았다. 개혁신학자들의 견해와 개혁 신조들을 통해서 확인한 결과 두 가지의 견해라고 해서 믿음의 본질과 열매는 다르다고 결론을 내는 것은 위험하다. 강웅산 박사가 주장하듯이, "대체로 종교개혁가들은 구원의 확신이 없으면 애초부터 믿음이 아니었다고 생각하는 경향이 많았다."고 말한다. [101] 그리고 믿음의 정도에 따라 약해지기도 하므로 웨스트민스터 신앙고백서에서는 이 점을 반영하였다고 지적하면서,[102] 구원의 확신을 믿음의 본질로 보던 앞세대와 차이를 보이며, 믿음의 정도의 차이와 확신의 크고 작은 차이는 인정해야 함을 강조한다.[103]

이처럼 구원의 확신에 대한 믿음의 두 가지 견해에 관한 주장은 서로 상충하는 것은 아니다.[104] 다만 강조점의 차이며, 믿음의 본질은 객관적 확신에 근거한다면, 믿음의 열매는 주관적 확신에 근거한다. 왜냐하면, 구원의 확신을 믿음의 본질로 본 입장은 믿음과 확신을 동일시하며, 확신이 없는

---

100) Brooks, 『지상에서 누리는 천국』 73.

101) 강웅산, 『구원론(성경신학적 조직신학)』 (경기: 도서출판 목양, 2018), 236-237.

102) 강웅산, 『구원론(성경신학적 조직신학)』 237.

103) 강웅산, 『구원론(성경신학적 조직신학)』 238.

104) 강효주, 『근대 신학의 정수』에 나타난 웨스트민스터 신앙고백서의 구원의 확신 교리에 대한 해석," 「갱신과 부흥」 24호, (2019), 142.

구원은 불가능한 입장이다. 이러한 입장은 객관적 확신에 기초할 때 가능하다. 또한, 구원의 확신을 믿음의 열매로 본 입장은 신자들의 실제 삶의 영역인 경험과 인식적인 측면에서는 확신이 없어도 구원이 가능하다고 보기 때문이다. 이러한 입장은 주관적 확신을 기초로 할 때 가능하다. 그러므로 두 입장은 본질적인 차이는 없다고 할 수 있다. 즉 구원의 확신을 믿음의 본질로 주장하는 것과 믿음의 열매로 주장하는 것은 같은 견해인 것이다.

4) 성경에 나타난 구원의 확신

일반적으로 신학을 함에 있어서 반드시 검증하고 확인해야 할 작업이 있다면, 그것은 바로 성경이 말하는 것인가의 여부이다. 아무리 뛰어난 신학이라고 할지라도 성경의 검증을 받지 못한다면, 그것은 가치가 없는 학문에 불과하다. 왜냐하면, 개혁신학에서 성경은 최고의 권위를 가지고 있기 때문이다. 성경이 말하는 것을 토대로 신학이 발전되는 것이지, 신학을 토대로 성경을 발전시키는 것은 아니다. 그러므로 신학자는 오류의 가능성을 열어두고 연구해야 하며, 성경을 통해 검증되어야 한다. 그렇다면, 구원의 확신에 대한 성경의 근거는 무엇인지 질문이 생긴다. 물론 성경은 구원의 확신에 대해서 객관적 확신과 주관적 확신을 지지한다.[105]

욥기 19장 25-26절에 의하면 "내가 알기에는 나의 대속자가 살아 계시니 마침내 그가 땅 위에 서실 것이라 내 가죽이 벗김을 당한 뒤에도 내가 육체 밖에서 하나님을 보리라"고 말씀한다. 욥의 고백 안에 마침내 그가 땅위에 서실 것이며, 육체 밖에서 하나님을 보리라는 말씀에 구원의 확신이 포함되어 있다.

시편 23편 4절에 의하면 "내가 사망의 음침한 골짜기로 다닐지라도 해를 두려워하지 않을 것은 주께서 나와 함께 하심이라 주의 지팡이와 막대기가 나를 안위하시나이다"고 말씀한다. 다윗이 주께서 함께하심과 안위하심을 고백함으로써 구원의 확신을 내포하고 있다.

---

105) John MacArthur, *Gospel according to the Apostles*, 송영자 역, 『구원이란 무엇인가』 (서울: 부흥과 개혁사, 2008), 248.

로마서 15장 4절에 의하면 "무엇이든지 전에 기록된 바는 우리의 교훈을 위하여 기록된 것이니 우리로 하여금 인내로 또는 성경의 위로로 소망을 가지게 함이니라"고 말씀한다. 로마서 말씀은 객관적 확신과 주관적 확신을 모두 충족시키는 말씀이다.[106] '우리로 하여금 인내로'는 주관적 확신이며, '성경의 위로로 소망을 가지게 함이니라'는 객관적 확신이다.

로마서 8장 38-39절에 의하면 "내가 확신하노니 사망이나 생명이나 천사들이나 권세자들이나 현재 일이나 장래 일이나 능력이나 높음이나 깊음이나 다른 어떤 피조물이라도 우리를 우리 주 그리스도 예수 안에 있는 하나님의 사랑에서 끊을 수 없으리라"고 말씀한다. 바울은 객관적 확신을 가지고, 예수 안에 있는 사람들은 하나님의 사랑에서 끊을 수 없다고 말한다.

사도행전 17장 31절에 의하면 "이는 정하신 사람으로 하여금 천하를 공의로 심판할 날을 작정하시고 이에 그를 죽은 자 가운데서 다시 살리신 것으로 모든 사람에게 믿을 만한 증거를 주셨음이니라 하니라"고 말씀한다. 믿을 만한 증거를 주셨다고 하는데, 여기서 증거는 객관적인 믿음의 근거를 말하는 것이다.[107]

로마서 8장 16-17절에 의하면 "성령이 친히 우리의 영과 더불어 우리가 하나님의 자녀인 것을 증언하시나니 자녀이면 또한 상속자 곧 하나님의 상속자요 그리스도와 함께 한 상속자니 우리가 그와 함께 영광을 받기 위하여 고난도 함께 받아야 할 것이니라"고 말씀한다. 여기에서 객관적 확신과 주관적 확신은 모두 성령님께서 우리에게 적용하시는 것이다.[108]

---

106) MacArthur, 『구원이란 무엇인가』, 248.
107) *New Bible Dictionary*, 「새성경사전」, 김의원, 나용화 역, (서울: 기독교문서선교회, 2000), 1780.
108) Brooks, 『지상에서 누리는 천국』, 22.

그리고 성경에서는 구원의 확신을 추구하라고 명령하고 있다. 베드로후서 1장 10절에 의하면 "그러므로 형제들아 더욱 힘써 너희 부르심과 택하심을 굳게 하라 너희가 이것을 행한즉 언제든지 실족하지 아니하리라"는 말씀이다. 여기서 너희의 택하심을 굳게 하라는 말씀은 확신을 추구하라는 명령이다.

또한, 고린도후서 13장 5절에 의하면, "너희는 믿음 안에 있는가 너희 자신을 시험하고 너희 자신을 확증하라 예수 그리스도께서 너희 안에 계신 줄을 너희가 스스로 알지 못하느냐 그렇지 않으면 너희는 버림 받은 자니라"고 말씀한다. 즉, 너희는 믿음 안에 있는가에 대해서 너 자신을 시험하고, 확증하라고 말씀함으로 확신을 추구하라고 가르치고 있다.

또한, 히브리서 6장 9절에 의하면, "사랑하는 자들아 우리가 이같이 말하나 너희에게는 이보다 더 좋은 것 곧 구원에 속한 것이 있음을 확신하노라"고 말씀하며, 11절에는 "우리가 간절히 원하는 것은 너희 각 사람이 동일한 부지런함을 나타내어 끝까지 소망의 풍성함에 이르러"라고 말씀한다. 역시 구원에 속한 것을 확신하는 동시에 소망의 풍성함에 이르라고 가르친다.

성경에도 수많은 본문이 확신을 추구하고 증명하고 있듯이 신자는 구원의 확신을 추구하고 바라봐야 할 것이다. 그러나 브룩스의 말처럼 "마음에 확신을 쏟기보다는 그리스도께 더 많이 쏟도록 하라"고 지적하듯이,[109] 신자는 확신을 추구해야 하지만, 마음의 확신보다 확신을 주시고 믿음을 창시하신 그리스도께 쏟아야 할 것이다.

---

109) Brooks, 『확신, 지상에서 누리는 천국』, 551.

5) 소결론

1장 서론에서 언급했듯이 구원의 확신은 단순한 결단에 의해 생기지 않는다. 비록 복잡해 보일 수 있으나 구원의 확신에 대한 이해 없이 확신에 대해 언급하는 것은 로마교회에서 주장하는 맹목적인 믿음에 불과하다. 이러한 오류를 피하기 위해서 구원의 확신에 대한 이해가 필요하다. 그래서 본 장에서는 구원의 확신이란 무엇인가에 대해 논구해보았다.

첫 번째는, 구원의 서정 안에서 구원의 확신의 위치에 대해 살펴보았다. 구원의 확신은 구원의 서정 중 칭의보다 믿음과 관련되어 있음을 학자들과 웨스트민스터 신앙고백서를 통해서 발견할 수 있었다. 왜냐하면, 믿음이 칭의를 포함하기 때문이며, 이신칭의에 관해서도 칭의보다 선행되는 것은 믿음이며, 그 이후 법정적 선언인 칭의가 주어진다.[110] 믿음은 칭의의 근거이기 때문이다. 믿음이 없이는 구원의 확신을 말할 수 없다. 그러므로 구원의 확신은 믿음에서 다뤄져야 한다.

두 번째는, 구원의 확신은 두 가지로 구분된 객관적 확신과 주관적 확신에 대해서 살펴보았다. 객관적 확신은 하나님의 신실성과 그리스도가 이루신 모든 구원과 그가 약속하신 모든 것을 행하실 것에 대한 확신이다. 그리고 주관적 확신은 신자 개별에게 죄의 용서와 구원받음의 확신이다. 객관적 확신은 그리스도께서 완전히 이루신 의에 근거하기 때문에 절대로 흔들

---

110) 시간 순서가 아니라 논리 순서로써 구원의 서정을 말한다.

리지 않는 확신이다. 반면에 주관적 확신은 신자 개별의 상황에 따라 언제든지 흔들릴 수 있는 확신이다. 다만 믿음의 정도에 차이가 있을 뿐 거짓 확신은 아니다. 여기서 중요한 핵심은 이 두 확신은 결코 분리될 수 없고, 유기적으로 연결되어 있다. 객관적 확신에 기초하여, 주관적 확신이 얻어지기 때문이다.

세 번째는, 구원의 확신은 믿음의 본질인지 아니면 열매인지에 대해 살펴보았다. 구원의 확신을 믿음의 본질로 보는 견해에는 칼빈, 바빙크, 벌코프, 에드워즈 등이 있으며, 반면에 믿음의 열매로 보는 견해에는 웨스트민스터 신앙고백서, 죽산, 청교도 신학자들 등이 있다. 믿음의 본질로 본 입장은 구원의 확신과 믿음은 떨어질 수 없는 관계이다. 즉 구원 얻는 믿음이 있으면, 구원의 확신은 당연히 존재함을 주장한다. 반면에, 믿음의 열매로 본 입장은 삶의 실재적인 영역을 강조하여 믿음의 정도(degree)에 따라 구원의 확신도 다르다고 주장한다. 여기서 유의해야 할 점은 이 둘은 다른 견해는 아니다. 다만 강조점의 차이일 뿐이다. 믿음의 본질은 객관적 확신에 기초하여 필연성을 강조한 것이며, 믿음의 열매는 주관적 확신에 기초하여 비영구성을 강조한 견해이다. 그러므로 이 둘은 다른 것이 아니라 유기적으로 연결되어 있으므로, 믿음의 본질이면서 동시에 믿음의 열매로 보아야 할 것이다.

마지막으로, 구원의 확신에 관해 성경을 통해서 살펴보았다. 과연 성경은 구원의 확신을 지지하는가이다. 개혁신학의 핵심은 성경으로부터 시작되기 때문이다. 구원의 확신은 성경의 많은 부분에서 지지가 됨을 확인할 수 있었다. 성경에서 구원의 확신뿐 아니라 구원의 확신을 추구해야 함도 동시에 확인할 수 있었다. 그러므로 성경을 통해서 구원의 확신은 신자들이 가져야 할 믿음의 확신이다.

종합해보면, 구원의 확신은 구원의 서정중 믿음에서 다뤄지며, 객관적 확신과 주관적 확신으로 구분된다. 그리고 객관적 확신을 기초로 보면 구원의 확신은 믿음의 본질이며, 주관적 확신을 기초로 보면 구원의 확신은 믿음의 열매이다. 이 둘은 다른 것이 아니라 상호 유기적 관계인 이중적 구원의 확신이다. 그러므로 구원의 확신은 믿음과 긴밀한 관계성을 가지고 있다. 믿음 없는 구원이 없듯이 믿음 없는 확신도 없다.

3. 구원의 확신과 믿음

3. 구원의 확신과 믿음

구원의 확신과 믿음은 깊은 관계가 있음을 앞장에서 살펴보았다. 믿음 없는 구원이 없듯이 믿음 없는 구원의 확신도 없다. 그렇다면 먼저 믿음이 무엇인지 확인해야 한다. 그리고 믿음에는 근거가 있어야 하며, 동일하게 확신에도 근거가 있어야 한다. 로마교회처럼 무조건 교회가 선포하고 보증한다고 해서 근거가 되는 것은 아니다. 또한, 예수 믿기로 결단해서 생기는 것도 아니며, 감동받아서 생기는 것도 아니다.[111] 근거는 반드시 신뢰가 되고, 검증되어야 한다. 그러므로 본 장에서는 믿음에 대한 정의를 내리고 구원의 확신의 근거에 대해 살펴보고자 한다.

---

111) 강웅산, 『구원론(성경신학적 조직신학)』 215-216.

1) 믿음이란 무엇인가?

믿음은 누구나 가지고 있다. 믿음은 그 사람을 살아가게 하는 힘이고, 원동력이며, 때론 전제이다. 과학자들도 자신들만의 전제 즉, 믿음을 가지고 과학을 한다. 믿음이 없이는 과학도 존재하지 않는다. 또한, 무신론자도 믿음을 가지고 있다. 그들은 신이 없다고 믿는 믿음이 있다. 이처럼 믿음은 모든 사람의 삶의 영역 안에서 꼭 필요한 것이다. 신자들 안에서의 믿음은 더욱더 그러하다. 신자는 믿음대로 신앙생활을 한다.

그런데 믿음에 대한 많은 오해가 있다. 믿음에 대한 오해는 자신이 동의하는 것이 믿음이라고 생각하는 때도 있으며, 기적 같은 일을 경험하면 그것 자체가 믿음이라고 생각하는 때도 있다. 신자들은 믿음에 대해 각각 다르게 기준을 잡고 있다. 그러나 개혁신학 안에서 믿음은 그런 것이 아니다. 비록 믿음에 대해 전부 다루기에는 한계가 있지만 본 장에서는 구원을 얻는 믿음에 대해 다루고자 한다.

웨스트민스터 신앙고백서는 믿음에 대해 정의를 내렸으며, 그 정의는 개혁신학 안에서 믿음의 표준이 된다.[112] 웨스트민스터 신앙고백서 제14장 2항 믿음에 관한 내용은 다음과 같다.

> 이 믿음으로 말미암아, 그리스도인은 말씀 안에서 친히 말씀하시는 하나
> 님의 권위 때문에, 말씀 안에 계시되어 있는 것은 무엇이든지 참된 것으
> 로 믿으며, 그 말씀에 포함되어 있는 각각의 구절들에 따라서 행동하게

---

112) 강웅산, 『구원론(성경신학적 조직신학)』, 217.

된다. 즉 명령에 순종하고 경고에 떨고 이 세상과 오는 세상에 대한 하나님의 약속을 기꺼이 받아들인다. 그러나 구원하는 믿음의 주요한 행위들은 은혜 언약 덕택으로 칭의와 성화와 영생을 위해서 그리스도만을 받아들이고 영접하고 의존하는 것이다.[113]

위 인용문에서 언급한 대로 믿음 즉, 구원 얻는 믿음에는 세 가지 측면이 존재한다. 지식(*notitia*), 동의(*assensus*) 그리고 신뢰(*fiducia*)이다.[114] 벌코프는 지식은 지적요소, 동의는 감정적 요소, 신뢰는 의지적 요소라고 한다.[115]

믿음에 대한 세 가지 측면을 살펴보기 전에 믿음에 대한 칼빈의 주장을 살펴보자.

믿음이란 우리를 향한 하나님의 자비를 확고하고도 확실하게 아는 것이라고 말할 수 있다. 그리고 이러한 지식은 그리스도 안에서 값없이 주어진 약속의 신실성에 근거를 두고 있고, 성령으로 말미암아 우리의 생각에 계시되었을 뿐 아니라 우리의 마음에 인친 바 된 것이다.[116]

칼빈에 의하면, 믿음은 하나님을 아는 지식 즉, 확실하게 아는 것이라고 주장한다. 이것이 칼빈이 주장하는 믿음의 지식적 측면이며, 성령으로 생각에 계시되고 마음에 인친 바 된 것은 후크마의 주장대로 마음이란 단어가

---

113) W.C.F., 14.2.
114) Sproul, 『웨스트민스터 신앙고백 해설 2권』, 178-182.
115) Berkhof, 『조직신학』, 754-756.
116) Calvin, *Institutes*, 3.2.7.

동의와 신뢰의 측면을 말하는 것이다.[117] 칼빈도 구원 얻는 믿음의 세 가지 측면인 지식과 동의와 신뢰를 말하고 있다는 것을 볼 수 있다.

바빙크는 믿음에 대해 두 가지 측면에 관해서 설명한다. 그것은 "그리스도에 관한 사도적 설교의 수용과 지금도 여전히 하늘에 살아 계시고 죄를 용서하고 완전한 구원을 주시기에 전능한 분으로서의 그리스도에 대한 인격적 신뢰"라고 말한다.[118] 두 가지 측면을 풀이하면, 복음의 수용은 지식과 동의와 그리스도에 대한 인격적 신뢰(*fiducia*)이다. 그래서 그는 "믿음은 신비적인 동시에 지성적이며, 그리스도에 대한 무한한 신뢰와 흔들리지 않는 신뢰"라고 설명한다.[119] 그리고 그는 "믿음이란 물론 하나의 지식(*credere Deum*)이며 지적인 동의(*credere Deo*)이기도 하지만, 무엇보다도 의지의 신뢰(*credere in Deum*)"라고 주장한다.[120] 이렇게 믿음에 대해 세 가지 측면으로 칼빈과 이해를 같이한다.

후크마도 그의 책에서 구원 얻는 믿음에 대해 다음과 같이 정의한다.

> 하나님의 부르심에 대한 반응으로서 전 인격 즉 구원에 있어서 복음의 진리에 대한 확신과 그리스도 안에서 하나님에 대한 신뢰 그리고 그리스도와 그 분의 섬김에 대한 참된 서약으로 그리스도를 받아들임이다.[121]

---

117) Hoekema, 『개혁주의 구원론』, 230. 후크마에 의하면, 칼빈은 생각과 마음을 구분하여 언급할 때 마음은 의지와 감정을 뜻한다고 한다.

118) Bavinck, 『개혁교의학4』, 116.

119) Bavinck, 『개혁교의학4』, 119.

120) Bavinck, 『개혁교의학4』, 121.

121) Hoekema, 『개혁주의 구원론』, 231-232.

후크마는 진리에 대한 확신(지식과 동의)과 하나님에 대한 신뢰로 믿음에 대해 정의하며, 구원 얻는 믿음에는 지식과 동의와 신뢰가 있음을 그의 책에서 동일하게 주장한다.[122] 후크마도 믿음을 세 가지 측면으로 주장하였다.

벌코프 역시 그의 책에서 구원 얻는 믿음에 대해 "성령에 의해 심령 안에서 일어나는 복음 진리에 대한 확신과 그리스도 안에 있는 하나님의 약속에 대한 진실한 의존(신뢰)"이라고 정의한다.[123] 그리고 그 믿음에는 세 가지 요소가 있다고 하면서, 지적 요소(지식), 감정적 요소(동의), 의지적 요소(신뢰)에 대해서 언급한다.[124] 벌코프도 동일하게 구원 얻는 믿음을 세 가지 측면으로 제시하고 있다.

죽산은 구원 얻는 믿음에 대해 다음과 같이 정의한다.

> 구원하는 신앙은 선택 받고 부름 받고 중생한 죄인 안에 하나님의 사역이니 이것으로 죄인이 그리스도에게 접합되고 그리스도와 그의 모든 혜택들을 받아들이고 충용하며 시간과 영원에서 그에게 의지한다. 이것은 심정에 좌소를 두고 중생한 생명에 뿌리를 가짐에서 특이한 신앙이다.[125]

위 인용문에 의하면, 구원 얻는 믿음은 바로 하나님의 사역이며, 그리스도의 모든 의를 받아들이고, 그리스도와 연합됨을 말한다. 여기서 그리스

---

122) Hoekema, 『개혁주의 구원론』 232-236.
123) Berkhof, 『조직신학』 754.
124) Berkhof, 『조직신학』 754-756.
125) 박형룡, 『교의신학-구원론』 245.

도와 연합 개념이 등장하는데, 그리스도와 연합을 통한 구원을 말한다. 그리스도와 연합되었기에 그가 이루신 모든 혜택을 받고, 의지하는 것이다. 이러한 믿음은 마음의 좌소에 둔다. 여기서 마음의 좌소는 믿음의 본질과 자리이며, 믿음의 본질은 지식, 찬동, 신뢰이며, 자리는 지성, 의지, 감정이라고 말한다.[126] 그도 구원 얻는 믿음에는 지식과 동의와 신뢰를 동일하게 주장한다.

강웅산 박사 역시 믿음에 대해 언급하면서, "믿음을 그리스도와 연합하는 동작"으로 정의한다.[127] 그리스도와 연합은 구원을 의미하며, 구원 얻는 믿음이 그리스도와 연합하는 동작임을 주지시키며, 그 믿음에 대해서 "그리스도와의 연합의 관점으로 믿음을 설명하는 것"이 개혁신학의 방법이라고 설명한다.[128] 그리고 그 방법을 믿음의 세 가지 측면인 지식과 동의와 신뢰라고 제시하고 있다.[129] 역시 동일하게 구원 얻는 믿음에는 지식과 동의와 신뢰가 있음을 주장한다.

이처럼 구원 얻는 믿음은 단순한 지식적 동의인 결단을 통해 얻어지는 것이 아니며, 지식적 동의 후 감정이 뒤따라오는 것도 아니다.[130] 바빙크가 믿음에 대해 "하나님이 존재하고 용서와 구원이 그리스도 안에 있다는 일반적인 믿음이 아니라, 이러한 요소와 구원이 개인적으로 나에게도 주어졌다는 특별한 신뢰"[131]라고 주장하듯이, 지식과 동의와 신뢰 즉, 지식과 감정과

---

126) 박형룡, 『교의신학-구원론』 249.
127) 강웅산, 『구원론(성경신학적 조직신학)』 219.
128) 강웅산, 『구원론(성경신학적 조직신학)』 219.
129) 강웅산, 『구원론(성경신학적 조직신학)』 220-228.
130) 『4영리에 대해서 들어보셨습니까?』에서는 감정은 뒤따라오는 것으로 설명한다.
131) Bavinck, 『개혁교의학4』 121.

의지가 동시에 일어난다. 그러므로 믿음은 복음을 듣는 그 순간 성령께서 역사하여 지식과 동의와 신뢰가 동시에 나타나는 전인격적인 수용이다. 이것이 바로 믿음이다.

2) 객관적 근거

믿음에는 반드시 근거가 있어야 한다. 그리고 근거에는 확실한 권위가 있어야 한다. 근거가 있다고 해도 권위가 없다면 신뢰할 수 없는 근거이다. 예를 들어 초등학생이 뉴턴의 만유 인류의 법칙이 틀렸다는 근거를 제시했다면 신뢰할 수 있는 근거인가? 결코, 신뢰할 수 없다. 이처럼 근거는 신뢰할 수 있는 권위가 필요하다. 그러므로 구원의 확신을 신뢰할 수 있는 근거를 찾아야 한다. 구원의 확신의 근거는 객관적 근거와 주관적 근거로 구분된다. 먼저 객관적인 근거에 대해 살펴볼 것이다.

사전에는 객관적이란 "자기와의 관계에서 벗어나 제삼자의 관점에서 사물을 보거나 생각하는 또는 그런 것"이라고 정의한다.[132] 객관적 근거는 누가 봐도 옳다고 여겨지는 확실한 근거이다.

칼빈은 믿음에 대해 정의하면서 "믿음이란 우리를 향한 하나님의 자비를 확고하고도 확실하게 아는 것이라고 말할 수 있다. 그리고 이러한 지식은 그리스도 안에서 값없이 주어진 약속의 신실성에 근거를 두고 있다."[133]고 주장한다. 그는 믿음을 정의하면서 객관적 근거에 대해 언급한다. 그것은 바로 그리스도 안에서 값없이 주어진 약속의 신실성이다. 즉 신실성(truth)에 근거를 둔다(found)고 주장하는 것은 하나님의 속성 중 하나인 신실성 때문이다. 하나님의 말씀은 반드시 이루어지므로 그 말씀은 신실한 근거가 된다. 또한, 칼빈은 "믿음은 원래 하나님께서 주신 너그러운 약속에 근거하는 것

---

132) 네이버 사전 참고.
133) Calvin, *Institutes*, 3, 2, 7.

이므로 우리는 그 약속의 믿음을 기초로 본다.”[134] 라고 제시함으로 객관적 근거를 말씀에 두고 있다.

바빙크는 “믿는 사람은 자신의 믿음으로부터가 아니라 하나님의 은혜로부터 나오는 믿음을 통하여 구원을 기대할 때 자신의 구원을 확신한다.”라고 주장한다.[135] 그는 하나님의 은혜에 의한 믿음을 통해 구원의 확신을 주장한다. 그리고 그 믿음은 오직 말씀인 하나님의 약속에 의존하는 것이라고 강조한다.[136] 즉 하나님 말씀에 근거를 두고 있다고 볼 수 있다. 그는 더 정확하게 “믿음은 그 본질과 특성상 주님이 주신 약속인 하나님의 말씀을 벗어나면 안식을 찾을 수 없고, 믿음을 흔들리게 만드는 것은 하나님의 것이 아닌 다른 근거, 곧 인간적이며 변하고 신뢰할 수 없는 것들 때문”이라고 적시한다.[137] 바빙크도 믿음의 근거는 하나님의 말씀이며, 그것은 객관적이고 불변하고 신뢰할 수 있는 것이라고 설명한다.[138]

벌코프는 믿음의 근거에 대해 “신앙이 의존하는 궁극적 근거는 복음의 약속과 연관된 하나님의 진실성과 신실성에 놓여 있다. 하지만 우리는 하나님의 말씀을 떠나서는 이를 인식할 수 없으므로 하나님의 말씀이 신앙의 궁극적 근거라고 말할 수 있다.”고 설명한다.[139] 그에 의하면 믿음이 의존하는 근거는 바로 하나님의 진실성과 신실성이고, 하나님의 말씀이 믿음의 궁극적 근거라고 말한다. 하나님의 진실성과 신실성은 하나님의 속성이다. 이

---

134) Calvin, *Institutes*, 3. 2. 29.
135) Bavinck, 『믿음의 확실성』 135.
136) Bavinck, 『믿음의 확실성』 135.
137) Bavinck, 『믿음의 확실성』 136.
138) Bavinck, 『믿음의 확실성』 136.
139) Berkhof, 『조직신학』 757.

속성을 인식하는 방법은 말씀밖에 없다. 그러므로 하나님의 말씀은 믿음의 궁극적 근거이다. 이처럼 벌코프도 객관적 근거를 하나님 말씀으로 보았다.

죽산은 "신앙의 구경적 근거는 하나님의 진실성이요, 다음에 하나님의 말씀"이라고 주장한다.[140] 여기서 '구경적 근거'란 궁극적 근거이며, 그 근거는 하나님의 진실성과 하나님의 말씀이라고 설명한다. 신앙의 구경적 근거를 하나님의 진실성에 두는 이유는 "우리의 감각들의 증언, 우리의 양심들의 성실, 우리의 이성들의 직각이 모두 창조주이신 하나님의 진실성에 의지"하기 때문이며,[141] 하나님의 진실성이 복음의 약속들하고 관련되기 때문이라는 것이다.[142] 그리고 하나님의 진실성에 의지해서 "하나님의 말씀도 우리 신앙의 구경적 근거라고 칭할 수 있는 것이며 과연 자주 그렇게 칭하는 것"이라고 한다.[143] 그리고 "하나님의 말씀은 그의 진실성과 구별되어 가장 가까운 근거라고 칭할 수도 있는 것"이라고 한다.[144] 이처럼 죽산은 객관적 근거를 하나님의 진실성과 하나님의 말씀에 두었으며, 먼저는 하나님의 진실성에 의지하고, 가장 가까운 근거인 성경에 둔다고 주장한다.

강웅산 박사에 의하면, "복음을 들을 때, 그 내용(지식)이 나의 믿음의 근거가 된다."고 적시한다.[145] 그 복음의 내용은 하나님의 말씀이며, 그 말씀이 믿음의 근거라는 것이다. 또한, 그는 "성경에 근거하지 않는 믿음은 거짓 믿

---

140) 박형룡, 『교의신학-구원론』 257.
141) 박형룡, 『교의신학-구원론』 257.
142) 박형룡, 『교의신학-구원론』 257.
143) 박형룡, 『교의신학-구원론』 257.
144) 박형룡, 『교의신학-구원론』 257.
145) 강웅산, 『구원론(성경신학적 조직신학)』 221-222.

음이 된다."라고 말하고 있다.[146] 그 역시 동일하게 믿음의 객관적 근거는 하나님의 말씀이라고 주장함을 확인할 수 있다.

웨스트민스터 신앙고백서에 제18장 2항에 확신의 근거에 대해 소개한다.

이러한 확실성은 속기 쉬운 소망에 근거한 단순한 추측과 그럴듯한 신념이 아니라, 구원 약속에 대한 신적인 진리에 기초한 신앙의 무오한 확신이다. 이 확신은 구원의 약속들에 대한 신적인 진리와 이 약속들이 주어진 은혜에 대한 내적 증거와 우리의 영과 함께 우리가 하나님의 자녀인 것을 증언하는 양자의 영의 증거에 기초를 두고 있다. 이 성령은 우리 기업에 대한 보증이시며, 이 성령으로 말미암아 우리는 구속의 날까지 인치심을 받는다.[147]

신앙고백서에 의하면, 구원의 확신은 단순한 추측도 아니며 신념도 아니라는 것이다. 즉 근거가 있어야 함을 언급한 것이다. 그리고 확신에 대해서 3가지를 언급한다. 첫째, 구원의 확신은 신적인 진리에 기초한 신앙의 무오한 확신이다. 둘째, 구원의 약속들에 대한 신적인 진리와 이 약속들이 주어진 은혜에 대한 내적 증거이다. 셋째, 우리의 영과 함께 우리가 하나님의 자녀인 것을 증언하는 양자의 영의 증거이다.[148] 여기서는 객관적 근거에 해당하는 첫째 내용만을 다루고 나머지 부분은 다음 장에서 다루도록 하겠다.

---

146) 강웅산, 『구원론(성경신학적 조직신학)』, 222.

147) W.C.F., 18.2.

148) W.C.F., 18.2.

웨스트민스터 신앙고백서에서 주장하듯이 객관적 근거는 구원의 확신의 신적인 진리에 기초한 신앙의 무오한 확신이다. 즉 하나님 말씀에 기초한 무오한 확신이라고 천명한다. 스프로울에 의하면 "우리 확신의 대부분은 온 우주에 있는 진리의 궁극적 원천이 신적인 계시라는 우리의 믿음에서 비롯된다."고 제시한다.[149] 즉 신자의 믿음의 원천 자체가 성경이다. 또한, 그는 "우리의 확신은 속기 쉬운 소망에 근거한 단순한 추측과 그럴듯한 신념이 아니라, 신앙의 무오한 확신이다. 이 확신은 구원의 약속들에 대한 신적인 진리에 근거한다."고 말한다.[150] 즉 신자의 확신은 무오한 하나님의 약속이라고 주장한다. 신앙의 확신이 무오한 이유는 무오하신 하나님이 행하신 구원의 약속이기 때문이다.[151] 하나님의 무오성에 기초하기에 객관적 근거인 하나님의 말씀도 무오하고, 신뢰할 수 있는 확실한 근거가 된다.

이처럼 구원의 확신의 객관적 근거는 하나님의 속성과 관련되어 있고, 하나님의 신적인 계시인 말씀에 근거한 것이다. 신자의 믿음과 구원의 확신은 하나님을 떠나서는 어떠한 근거도 될 수 없으며, 신뢰할 수도 없다. 오직 무오하신 하나님만이 참되시고, 그의 말씀이 참되기 때문에 말씀에 근거하여 확신을 가질 수 있는 것이다.

---

149) Sproul, 『웨스트민스터 신앙고백 해설 2권』, 324.

150) Sproul, 『웨스트민스터 신앙고백 해설 2권』, 329.

151) Sproul, 『웨스트민스터 신앙고백 해설 2권』, 329.

3) 주관적 근거

사전에서 주관적이란 "자기의 견해나 관점을 기초로 하는 또는 그런 것"이라고 정의한다.[152] 주관적 근거는 오직 개인에게만 적용되는 근거이다. 제삼자가 보고 판단할 수 있는 근거는 아니다. 그렇다면 구원의 확신에 대한 주관적인 근거는 무엇인가?

칼빈은 앞서 객관적 근거를 '하나님의 말씀'이라고 하면서 "성령의 조명이 없이는 하나님의 말씀은 아무것도 할 수가 없는 것"이라고 주장한다.[153] 그는 말씀의 객관적 근거와 성령의 주관적 근거가 함께 역사할 때 믿음이 발생한다고 주장한다. 또한, 그는 "성령은 믿음이 생기게 할 뿐 아니라 신자가 믿음으로 말미암아 천국에 인도될 때까지 믿음이 점점 자라게 하신다."[154]고 하며, "성령은 믿음의 근원이며 원인이기 때문"이라고 주장한다.[155]

여기서 칼빈은 성령이 믿음의 근원이며 원인이라고 말함으로 주관적 근거가 성령이라고 주장한다. 그리고 그는 "성령이 없이 사람은 믿음을 가질 수 없다."(*Without the Spirit man is incapable of faith*)[156]고 주장하며 성령이 믿음의 주관적 근거임을 명시한다.

바빙크도 구원의 확신의 주관적 근거를 주장하는데, 그의 주장은 다음과 같다.

---

152) 네이버 사전 참조.

153) Calvin, *Institutes*, 3. 2. 33.

154) Calvin, *Institutes*, 3. 2. 33.

155) Calvin, *Institutes*, 3. 2. 33.

156) Calvin, *Institutes*, 3. 2. 35.

우리가 즉시 믿음 안에서 하나님의 약속만 바라보고 그분의 풍성한 은혜 가운데 거하게 되면, 우리는 하나님의 자녀가 되고 양자 삼으시는 성령을 받는다. 이 성령은 우리가 하나님의 자녀 자격에 고유한 것이므로 우리의 영으로 더불어 우리가 하나님의 자녀임을 증언하신다. 그러므로 우리는 하나님의 자녀처럼 느끼며 자녀로서 가지는 능력과 경험을 지니고 마땅히 선을 행하게 된다.[157]

위 인용문에서 언급하듯이 하나님의 은혜 안에 거할 때, 하나님의 자녀가 되고, 양자 삼으시는 성령을 받는다고 말한다. 그리고 성령을 받으면 하나님의 자녀로 느끼며, 자녀의 능력과 경험을 가진다고 말한다. 즉 성령을 선물로 받을 때 구원의 확신의 주관적 근거가 됨을 주장한 것이다.

벌코프도 주관적 근거에 대해 "객관적 근거와 구분해서 가장 가까운 근거라고 말할 수 있다. 우리가 성경에 나타난 계시를 하나님의 말씀 자체라고 인정하는 것은 결국 성령의 증언에 의해서이다. 증거하는 이는 성령이시니 성령은 진리"라고 주장한다.[158] 즉 하나님 말씀의 객관적 근거를 인정하는 수단은 주관적 근거인 성령에 의해서 가능하다고 주장하는 것이다. 그에 의하면 객관적 근거와 주관적 근거는 떨어뜨릴 수 없는 관계임을 알 수 있다.

죽산도 "우리가 그것으로써 성경에 체현된 계시를 하나님의 말씀으로 인식하는 방편은 결국 성령의 증언"이라고 주장함으로써 벌코프와 입장을 같

---

157) Bavinck, 『믿음의 확실성』, 141.
158) Berkhof, 『조직신학』, 758.

이한다. 죽산 역시 객관적 근거를 인식하는 방법이 주관적 근거인 성령에 의해서 가능함을 주장하고 있다.

강웅산 박사는 "믿음의 결정적 요소가 되는 신뢰는 신뢰의 정도와 근거가 우리에게 있는 것이 아니라 믿음을 가져다주시는 성령에 있다. 성령을 통해서 믿음의 대상인 그리스도에게 나를 맡기며 위탁하게 된다."[159]고 강조한다. 믿음의 세 가지 측면 중 신뢰의 근거는 성령이라고 주장하며, 성령을 통해서 믿음의 대상인 그리스도에게 자신을 맡길 수 있기 때문이라는 것이다. 즉 성령이 없이는 그리스도에게 갈 수 없고 더 나아가 "우리가 믿을 수 있는 것도 성령이 믿음을 가져다주실 때 가능하다가 우리의 힘에 믿음이 달린 것이 아니라 성령이 결속의 힘이 되어주시기 때문에 믿음은 그리스도를 붙잡는 일에 실패하지 않는다."라고 강조한다.[160] 성령의 증거가 있어야 믿음이 생기며, 그리스도와 연합을 통해 구원을 이룰 수 있다고 주장함으로 구원의 확신의 주관적 근거는 성령의 증거임을 암시하고 있다.

그렇다면 웨스트민스터 신앙고백서에서는 주관적 근거에 관해 주장하는지 제18장 2항을 다시 인용해 살펴보고자 한다.

이러한 확실성은 속기 쉬운 소망에 근거한 단순한 추측과 그럴듯한 신념이 아니라, 구원 약속에 대한 신적인 진리에 기초한 신앙의 무오한 확신이다. 이 확신은 구원의 약속들에 대한 신적인 진리와 이 약속들이 주어진 은혜에 대한 내적 증거와 우리의 영과 함께 우리가 하나님의 자녀인

---

159) 강웅산, 『구원론(성경신학적 조직신학)』, 228.
160) 강웅산, 『구원론(성경신학적 조직신학)』, 228.

것을 증언하는 양자의 영의 증거에 기초를 두고 있다. 이 성령은 우리 기업에 대한 보증이시며, 이 성령으로 말미암아 우리는 구속의 날까지 인치심을 받는다.[161]

위 인용문에 따르면, 두 가지로 주관적 근거를 주장하는데, 첫째는 은혜에 대한 내적 증거이며, 둘째는 양자의 영이신 성령의 증거이다. 여기서 은혜의 내적 증거란 은혜가 신자 안에 있음을 보여주는 증거이다.[162] 즉 은혜의 내적 증거는 성령이 신자의 보증이시고 증거라는 것과 동일한 개념으로 이해할 수 있다.[163] 이와 관련해 스프로울은 베드로후서 1장 10절[164]을 통해 다음과 같이 주장한다.

베드로는 우리가 그리스도인의 삶에서 열매를 맺고 성령이 우리 안에 내주한다는 사실을 확신하기를 원한다. 만약 우리가 성령이 우리 안에 내주한다는 사실을 확신한다면, 그것은 우리가 성령의 열매를 풍성하게 나타내는 데 큰 도움이 된다.[165]

스프로울은 성령의 열매를 통해 성령의 내주를 확신하라고 말한다. 성령

---

161) *W.C.F.*, 18.2.
162) 이진락, "웨스트민스터 신앙고백서와 구원의 확신", 180.
163) 이진락, "웨스트민스터 신앙고백서와 구원의 확신", 183.
164) 벧후 1:10 - "그러므로 형제들아 더욱 힘써 너희 부르심과 택하심을 굳게 하라 너희가 이것을 행한즉 언제든지 실족하지 아니하리라"(개역개정); "Therefore, brothers, be all the more diligent to confirm your calling and election, for if you practice these qualities you will never fall"(ESV)
165) Sproul, 『웨스트민스터 신앙고백 해설 2권』, 331.

이 구원의 확신의 주관적 근거가 됨을 말한 것이다. 그리고 은혜의 내적 증거는 성령이 증언하는 방식이라고 강조한다.[166] 즉 은혜의 내적 증거와 성령은 같은 근거로 볼 수 있다. 그러므로 주관적 근거는 은혜의 내적 증거와 성령의 증거가 있으나 이 두 가지는 본질상 같다고 할 수 있다. 성령의 증거 방식이 은혜의 증거이기 때문이다.

종합해보면, 구원의 확신의 객관적 근거는 하나님의 말씀이며, 주관적 근거는 성령의 증거이다. 그리고 객관적 근거와 주관적 근거는 구분되지만, 유기적으로 연결되어 있으며, 분리될 수 없다. 하나님의 말씀이 구원의 확신의 객관적 근거로 받기 위해서는 주관적 근거인 성령의 증거가 필요하다.[167] 그 이유는 칼빈의 주장처럼 말씀과 성령은 항상 함께 일하시기 때문이다.[168]

---

166) Sproul, 『웨스트민스터 신앙고백 해설 2권』, 333.

167) Calvin, *Institutes*, 1.8.13.

168) Calvin, *Institutes*, 1.9.3.

4) 소결론

지금까지 구원의 확신은 믿음과 관련이 있음을 논구하였다. 믿음에 의해 구원을 받듯이 믿음에 근거하지 않고 구원의 확신을 말할 수 없다. 그리고 구원 얻는 믿음은 근거가 없는 것이 아니라 확실한 근거가 있음을 확인하였다.

첫째, 구원의 확신은 믿음이 있어야 한다.

믿음에는 세 가지 측면이 있는데, 지식과 동의와 신뢰이다. 이 믿음은 지식적 결단 또는 영접 기도로 생기는 것이 아니며, 지식과 동의 후에 감정이 뒤따라오는 것도 아니다. 믿음의 세 가지 측면인 지식, 동의, 신뢰가 동시에 일어날 때 구원 얻는 참 믿음이 생긴다.

둘째, 구원의 확신의 객관적 근거가 있다.

구원의 확신의 객관적 근거는 바로 하나님 말씀이다. 그 이유는 하나님의 신실성과 진실성에 근거하며, 하나님의 불변성이 믿음의 근거가 되기 때문이다. 만약 하나님이 불변성과 신실성과 진실성이 없다면, 하나님의 말씀도 객관적 근거가 되지 못한다. 그러나 하나님은 영원히 불변하시고, 신실하시고, 진실하시고 약속하신 것을 다 이루시는 분이시기에 그의 말씀 역시 진실하다. 하나님의 속성인 불변성과 신실성과 진실성에 의존하여, 하나님 말씀은 객관적 근거가 되는 것이다.

셋째, 구원의 확신의 주관적 근거는 성령의 증거이다.

성령의 베푸는 은혜와 작용으로 구원의 확신을 얻을 수 있다. 여기서 중요한 핵심은 하나님의 말씀과 성령은 함께 역사한다는 사실이다. 객관적 근거와 주관적 근거를 분리해서 생각할 수 없다. 객관적인 하나님의 말씀 선포가 이뤄지고, 성령의 작용으로 믿음과 구원의 확신을 얻을 수 있다. 그러므로 객관적 근거인 하나님의 말씀 선포와 주관적 근거인 성령이 역사할 때, 믿음의 세 가지 측면인 지식, 동의, 신뢰가 동시적으로 발생하게 되며, 그때 구원의 확신을 소유할 수 있는 것이다.

4. 구원의 확신과 성화

4. 구원의 확신과 성화

구원의 확신은 믿음과 긴밀한 관계가 있으며, 객관적 근거와 주관적 근거는 유기적으로 연결되어 있음을 확인했다. 그렇다면, 믿음에 근거하여 신자는 구원의 확신을 계속 유지할 수 있는지 아니면 잃어버리기도 하는지에 관한 질문이 생긴다. 결론부터 말하면 신자는 구원의 확신을 때로는 잃어버리기도 한다.

그러나 신자는 구원의 확신을 계속 잃어버린 상태로 있는 것이 아니라 구원의 확신을 추구해야 한다. 구원의 확신의 추구는 성화와 관련되어 있다. 그래서 본 장에서는 먼저, 성화란 무엇인지 살펴보고, 그 다음에 구원의 확신의 비영구성에 관한 문제와 구원의 확신의 추구하는 방법에 대해서 살펴보고자 한다.

1) 성화란 무엇인가?

성화(*Sanctification*)는 그리스도께서 다 이루신 구원에 대한 적용이 되는 부분 중 하나이다.[169] 그리고 성화는 거룩하게 되는 것이다. 성화의 과정은 칭의의 법정적 선언과 다르게 실제적 삶에서 하나님께서 "우리를 의롭게 만드는 것"[170]이다.

후크마는 "우리는 성도를 거룩하게 하시는 하나님의 사역을 성화라고 부른다."고 정의한다.[171] 즉 성화는 하나님의 사역이다. 성화는 거룩해지는 과정에 인간의 노력이 포함되지만, 본질적 성격은 하나님께서 신자를 거룩하게 하시는 사역이다. 인간의 노력이 포함되어 있기에 대부분 성화를 인간의 노력과 투쟁을 통하여 이루어진다고 생각하지만 그렇지 않다. 인간의 노력은 하나님께서 성화를 위해 사용하시는 수단일 뿐이다.[172]

그러므로 성화에 대한 바른 인식은 신자가 구원에 대해 바른 인식을 하게 한다. 그렇기에 본 장에서는 성화의 논쟁에 대해 다루진 않겠지만, 개혁신학이 주장하는 성화에 대해 살펴보고 성화에 대한 바른 인식을 얻고자 한다.

---

169) John Murray, *Redemption Accomplished and Applied*, 장호준 역, 『구속』 (서울: 복있는사람, 2011), 207.

170) John Frame, *Salvation Belongs to the Lord: an Introduction to Systematic Theology*, 김용준 역, 『조직신학 개론: 구원은 주께 속한 것이다』 (서울: 개혁주의신학사, 2011), 306.

171) Hoekema, 『개혁주의 구원론』 315.

172) Berkhof, 『조직신학』 785.

1-1) 성화의 개념

성화란 무엇일까? 후크마는 다음과 같이 성화를 정의한다.

우리는 우리의 책임 있는 참여를 포함하여 하나님의 형상에 따라서 죄의
오염으로부터 우리를 건지시며, 우리의 본성 전체를 새롭게 하시어서 우
리가 주님을 즐겁게 하는 삶을 영위할 수 있도록 하시는 성령의 은혜로운
역사를 성화라고 정의한다.[173]

위의 인용문에 언급된 대로, 성화는 죄로부터 건지시며, 본성의 변화를
받아 하나님을 즐겁게 하는 것이고, 성령의 역사로 정의할 수 있다. 하지만
대부분 성화를 거룩해지는 과정으로만 이해하여 인간의 노력으로 거룩해
지는 것으로 이해한다. 성화의 과정 중에 인간의 노력과 책임이 포함되지
만, 하나님께서 인간의 노력을 성화의 수단으로 사용하는 것이다.[174] 성화
의 수단이 인간의 노력이라면, 성화의 주체는 성령 하나님이다.[175] 이 부분
에 대해 후크마는 중요한 것을 지적한다.

성화는 우리가 우리 스스로, 우리 자신의 노력으로, 그리고 우리 자신의
능력으로 이루게 되는 것이 아니라는 점을 분명하게 깨닫는 것이 우리에

---

173) Hoekema, 『개혁주의 구원론』 315-316.
174) Berkhof, 『조직신학』 785.
175) Hoekema, 『개혁주의 구원론』 329.

게 가장 중요하다. 결국 성화는 인간의 노력의 산물이 아니라 하나님의 은사이다.[176]

후크마에 의하면, 성화는 신자가 스스로 이루는 능력이 아니라는 점을 깨닫는 것이 중요하다고 말한다. 하나님께서 인간의 노력을 수단으로 사용하시는 하나님의 은사이다. 벌코프도 "성화는 칭의받은 죄인을 죄의 부패로부터 해방하고 그의 본성 전체를 하나님의 형상으로 갱신하며 그가 선행을 할 수 있게 하는 성령의 자비롭고 지속적인 사역"으로 정의한다.[177] 그 역시 성화의 주체가 성령의 사역임을 명시하고 있다.

김광열 박사는 "성화는 그리스도 안에서 성취되어(하나님의 은혜 언약의 행정 속에서) 우리의 이름으로 예약되어 있고, 이제 우리는 그 언약 속에 들어온 자들로서, 그리스도와 연합과 교제를 통하여, 우리의 성화를 이루어가는 것"이라고 주장한다.[178] 여기서 그리스도와 연합과 교제라는 말은 "성령의 역사를 통하여, 언약의 대표되신 그리스도 안에서 성취되었으므로, 그와 연합한 신자들 안에서도 같은 성령에 의하여 성취되어가는 것"을 의미한다.[179] 종합해보면, 성화는 성령에 의해 그리스도와 연합을 통하여 성화를 이루어가는 것이다.

웨스트민스터 신앙고백서에서 제13장 1항에서 성화에 대해서 다루고 있다.

---

176) Hoekema, 『개혁주의 구원론』, 329.
177) Berkhof, 『조직신학』, 784.
178) 김광열, 『그리스도 안에 있는 구원과 성화』 (서울: 총신대학교 출판부, 2014), 162.
179) 김광열, 『그리스도 안에 있는 구원과 성화』, 162.

일단 효과적으로 부르심을 받고 중생하고, 그들 안에 새 마음과 새로운 영을 창조함 받은 자들은 더 나아가, 그리스도의 죽음과 부활의 공로를 통하여, 그의 말씀과 그들 안에 내주하시는 성령에 의하여, 실제로 그리고 인격적으로 성화된다. 온몸에 대한 죄의 지배가 파괴되고 죄의 몸에서 나오는 여러 정욕들이 점점 더 약해져 죽어지고, 그들은 구원의 모든 은혜 안에서 점점 더 살아나고 강해져서 참된 거룩함을 실천하게 된다. 이러한 참된 거룩함 없이는 아무도 주님을 보지 못할 것이다.[180]

위 인용문에 대해 김광열 박사는 "성도는 그리스도의 죽음과 부활과 은덕으로 말미암아 참으로, 개인적으로 성화 된다."라고 주장한다.[181] 성화는 그리스도의 은혜이며, 성령의 역사에 의하여 개인적인 거룩의 과정이다. 이 부분에 대해 스프로울은 "우리는 의롭게 되기 위해서 노력하는 것이 아니라 일단 의롭게 되었으니 우리의 노력이 시작"된다고 지적한다.[182] 또 그는 "성령이 일단 우리를 중생시키면 우리는 성화를 추구하는 데 있어서 하나님과 함께 일할 수 있다."고 주장한다.[183] 그리스도와 연합을 통하여 의롭게 되었기에 신자의 노력이 시작되는 것이며, 그때 비로소 신자는 거룩함을 추구할 수 있다.[184] 이 거룩의 추구는 그리스도와 연합을 통해서 하나님의 기준에 합당한 의로움을 일치시키기 위한 신자의 노력이 요구된 것이다.[185]

---

180) *W.C.F.*, 13.1.
181) 김광열, 『그리스도 안에 있는 구원과 성화』, 163.
182) Sproul, 『웨스트민스터 신앙고백 해설 2권』, 133.
183) Sproul, 『웨스트민스터 신앙고백 해설 2권』, 135.
184) Sproul, 『웨스트민스터 신앙고백 해설 2권』, 135.
185) Sproul, 『웨스트민스터 신앙고백 해설 2권』, 135.

프란시스 쉐퍼Francis Schaeffer, 1912-1984는 신자의 성화와 그리스도와 성령의 관계로 3가지 사실을 적시한다. 첫째, 그리스도인의 성화는 부활하신 그리스도께서 신자를 통하여 행하는 것이며, 둘째, 그리스도의 행하심은 성령이 행하는 것이며, 셋째, 그리스도께서 성령을 통해 행하실 때, 신자는 신앙의 행위와 생각하는 행위가 필요함을 주장한다.[186]

종합해보면, 성화는 그리스도와의 신비적인 연합과 신자의 선행을 통하여 성령께서 신자를 거룩하게 하시는 과정으로 이해할 수 있다. 그러므로 성화는 하나님 100% 사역이며, 동시에 인간 100% 사역이다. 하지만 인간의 노력은 결코 어떠한 공로도 될 수 없다. 후크마의 말처럼 "성화가 우리로 하여금 하나님을 즐거워하며 살 수 있도록 해준다."[187]라고 주장하는 것이 오해의 여지가 없을 것이다.

1-2) 결정적 성화

개혁신학 안에서 성화는 두 가지로 구별된다. 하나는 결정적 성화(Definitive Sanctification)이고, 다른 하나는 점진적 성화(Progressive Sanctification)이다. 즉 이중적 성화이다. 동시에 발생하지만 구분된다. 성화 안에서 구분된 결정적 성화와 점진적 성화를 본 장에서 살펴보고자 한다.

---

186) 이상원, "기독교 영성의 길: 이원론적인 영혼의 정화에서 성령에의 전인적 순종으로," 「성경과 신학」 제49권, (2009), 215.
187) Hoekema, 『개혁주의 구원론』 317.

결정적 성화는 존 머레이[John Murray, 1898-1975]에 의해서 처음으로 주장되었다. 그는 다음과 같이 문제를 제기한다.

> 성화라고 하면 우리는 보통 신자가 마음, 뜻, 의지, 행위가 점진적으로 변화되어 하나님의 뜻과 그리스도의 형상에 일치됨으로써 죽어서 육체 없는 영혼이 거룩함 속에서 완전하게 되어 마찬가지로 부활에서 그의 몸이 그리스도의 영광의 몸으로 화하는 과정이라고 생각한다. 이러한 변화와 일치화의 과정에 '성화'라는 용어를 사용하는 것은 성경적이다. 그러나 신약 성경에서 성화를 가리키는 가장 특징적인 용어들이, 과정이 아니라 단번의 확정적인(*definitive*) 행위에 대해 쓰인다는 것은 너무도 자주 간과되는 사실이다.[188]

위 인용문에 언급한 대로 일반적으로 이해하는 성화는 점진적인 성화이다. 하지만 머레이가 문제를 제기하는 것은 성경은 점진적 부분만 아니라 결정적인 부분에 대해서도 기록되었다고 강조한다. 머레이는 로마서 6장 1절부터 7장 6절까지가 결정적 성화에 대해 가장 잘 언급한 본문이라고 주장한다.[189] 그중에서도 핵심 구절은 6장 2절 "그럴 수 없느니라 죄에 대하여 죽은 우리가 어찌 그 가운데 더 살리요"라는 말씀이다. 머레이는 이 본문을 "우리가 죄에 대하여 죽었다는 사실에 대해 언급한다."고 제시한다.[190] 동일

---

188) John Murray, *Collected Writings of John Murray*, 박문재 역, 『존 머레이 조직신학』 (고양: 크리스챤다이제스트, 2008), 189.
189) Murray, 『존 머레이 조직신학』 290.
190) Murray, 『존 머레이 조직신학』 291.

하게 김광열 박사도 "그리스도와의 연합을 통하여 신자가 죄에 대한 죽음과 죄로부터의 자유함의 삶을 소유하게 한다는 점"을 강조한다.[191] 강웅산 박사 역시 "죄에 대하여 죽음과 함께 동시에 의에 대하여 살음(Vivification)"을 주장한다.[192] 이처럼 결정적 성화에 대한 핵심은 '죄에 대한 죽음'이다.[193] 죄에 대한 죽음을 머레이는 다음과 같이 말한다.

> 죄 안에 또는 죄에 대하여 산 사람은 죄의 영역 안에 서 살며 활동한다. 그것은 그의 삶과 활동의 장이다. 그리고 죄에 대하여 죽은 사람은 더 이상 그 영역에 살지 않는다. 그것과의 연계는 끊어졌으며, 그는 다른 영역으로 옮겨졌다. 여전히 죄의 영역에 사는 사람들은 가장 심각한 어조로 '나는 그를 찾았으나 그를 발견할 수 없었다'라고 말할 것이다. 이것이 사도 바울이 말하고자 하는 결정적인 간격이다. 그것은 신자의 삶에 대한 전 관념이 근거하는 토대이고, 일상적인 죽음의 경험에서와 마찬가지로 도덕적이고 종교적인 영역에서도 진정으로, 결정적으로 참인 간격이요 옮김이다. 죄가 죽음 안에서 또는 죽음으로 지배하는 영역과 단번에 확정된 바꿀 수 없는 간격이 존재한다.[194]

머레이는 죄에 대해 죽은 자들은 더는 죄의 영역에 살지 않음을 강조하며, 그것은 죄로부터 완전히 해방된 상태는 결정적이라고 주장한다.[195] 그

191) 김광열, 『그리스도 안에 있는 구원과 성화』 165.
192) 강웅산, 『구원론(성경신학적 조직신학)』 371.
193) Murray의 『존 머레이 조직신학』과 김광열의 『그리스도 안에 있는 구원과 성화』를 참고하라.
194) Murray, 『존 머레이 조직신학』 291.
195) Murray, 『존 머레이 조직신학』 291.

래서 신자는 더는 죄 가운데 살 수 없는 것이다.[196] 이러한 영역의 단절에 대해 그는 다음과 같이 주장한다.

> 그것은 삶과 행위의 모든 측면에서 나타난다. 도덕적이고 영적인 삶을 평가하는 모든 척도에 절대적인 차별이 존재한다. 이것은 은혜의 규정들의 지배하에 들어오는 모든 사람에게 죄의 능력과 죄에의 종사와의 결정적이고 확정적인 단절이 존재한다는 것을 의미한다.[197]

위의 인용문에 언급한 대로, 신자는 은혜로 인하여 모든 죄의 능력과 지배로부터 확실하고 결정적으로 끊어짐을 주장한다. 이에 관하여 후크마는 "이 새로운 영역은 신자들이 절대로 취소할 수 없는 새로운 관계 아래 있게 된 것"이라 주장한다.[198] 그러므로 결정적 성화는 "성경적인 교훈은 신자들이 자신이나 다른 성도를 그리스도 안에서 죄에 대해서는 죽었으며 지금 새로운 피조물이 된 존재로 생각해야 할 것"을 말한다.[199] 하지만 주의해야 할 것은 완전주의 성화의 상태라고 주장하는 것을 조심해야 한다. 죄에서 벗어났으므로 더는 죄를 짓지 않는다는 의미가 아니다. 흔히 말하는 제2의 축복의 종류와 같은 것이 아니다.[200]

강웅산 박사는 이에 관해 다음과 같이 말한다.

---

196) 김광열, 『그리스도 안에 있는 구원과 성화』 166.

197) Murray, 『존 머레이 조직신학』 292.

198) Hoekema, 『개혁주의 구원론』 334-335.

199) Hoekema, 『개혁주의 구원론』 337.

200) 김광열, 『그리스도 안에 있는 구원과 성화』 166-167.

확정적 성화를 말한다고 해서 이제는 우리에게 죄가 없다는 뜻이 아니다. 우리 안에 내주하시는 성령의 새롭게 하심을 따라 이제는 전에 가능하지 않았던 새로움으로 하나님을 섬길 수 있다는 데에 확정적 성화가 있다.[201]

위 인용문처럼 완전주의 성화에 대해 반대하는 것을 볼 수 있다. 신자는 비록 죄의 지배에서 벗어났지만, 죄와 싸워야 한다. 하지만 죄 가운데 넘어질 수도 있다.[202] 그럴지라도 결정적 성화는 그리스도와 연합을 통하여 죄와 단절할 수 있음을 암시한다.[203] 김광열 박사는 머레이의 결정적 성화론을 다음과 같이 정의하였다.

이미 시작된 종말론적 하나님 나라의 백성으로서, 신자는 자신의 신앙생활을 단지 끊임없는 갈등과 투쟁의 연속적 과정으로만 이해라 필요가 없다는 사실, 그래서 아담의 타락 이후에 죄의 세력 아래에서 고통받고 좌절하며, 그래서 내세에 주어질 미래적 하나님 나라만을 바라보는 신앙에 머물러있기만 해서는 안 된다는 사실을 깨우쳐주는 성화론인 것이다. 오히려, 신자는 그리스도 안에서 시작된 하나님 나라의 통치 안으로 이미 들어온 것이며, 따라서 그 분 안에서 시작된 새창조의 역사의 구조 안에서 제공된 성화의 은총을 소유케 되었기 때문이다.[204]

---

201) 강웅산, 『구원론(성경신학적 조직신학)』, 372.
202) Hoekema, 『개혁주의 구원론』, 337.
203) Hoekema, 『개혁주의 구원론』, 337.
204) 김광열, "죽산 박형룡의 구원론 연구–성령론과 성화론을 중심으로-", 67-68.

그러므로 결정적 성화는 단번에 죄의 지배에서 벗어나 성령의 법을 따르는 새로운 피조물이 된 것이다. 그리스도와 함께 죄의 지배에서 벗어나 죄와 싸울 수 있는 위치로 옮겨진 것이다.[205] 그렇기에 신자는 죄의 지배 아래 갇혀있는 것이 아니라 담대하게 성령의 통치 아래 들어왔다는 사실을 인지하고, 죄의 지배가 아닌 성령의 생명의 법을 따라 살아가야 할 것이다.

1-3) 점진적 성화

앞서 결정적 성화에 대해서 살펴보았다. 신자가 죄로부터 자유를 얻어 죄와 싸울 수 있는 위치로 옮겨졌다는 것은 명백하다. 그러나 여전히 신자는 죄 가운데 노출되어 있다. 이에 대해 후크마는 "우선 무엇보다도 죄가 아직도 신자들 속에 현존한다는 성경적 가르침을 통해서 볼 때 성화의 점진적인 측면은 명백하다."고 말한다.[206] 비록 죄의 지배에서 벗어나 새로운 피조물이 되었다 할지라도 죄의 지배를 받지 않을 뿐 신자는 계속해서 죄와 싸워야 하기 때문이다. 김광열 박사도 개혁신학의 성화관을 "새로운 피조물로서의 삶을 살아가야 할 것을 요구하는 것"(Live out what we are in Christ!)라고 한다.[207] 그러므로 점진적 성화는 새로운 피조물로 거듭난 신자가 죄와 싸

---

205) 김광열, 『그리스도 안에 있는 구원과 성화』 168.

206) Hoekema, 『개혁주의 구원론』 340.

207) 김광열, 『그리스도 안에 있는 구원과 성화』 170

우면서 살아가는 것이다. 단, 그 기초는 결정적 성화에 있다.[208] 벌코프 역시 다음과 같이 말한다.

> 완전히 성장해야 하는 것은 새사람 전체이지만, 아직 그는 완전히 계발의 의지가 있다. 새사람이 부분적으로만 완전하듯이 이생에서는 영적인 발전의 정도가 불완전한 상태로 남아 있다. 신자들은 일생동안 죄와 싸워야 한다.[209]

벌코프는 이 땅을 살아가는 동안은 불완전한 상태로 남아 있기 때문에 신자는 평생 죄와 싸워야 한다고 말한다. 비록 신분은 새로운 피조물로 거듭 났지만, 이 땅에서는 완전한 성화를 이룰 수 없기 때문이다. 후크마는 신자의 본성에 대해서 다음과 같이 말한다.

> 신자가 하나님을 반역하고 죄를 지을 수 있는 계속적인 경향성을 가진다는 의미에서 죄적인 본성을 가지고 있다는 점을 부정하지 않는다. 중생함으로 성도는 옛 본성 이외에 새 본성을 받는다. 이러한 사실 때문에 성도들은 지금 하나님을 기쁘게 하는 행동을 할 수 있게 된다. 그러므로 신자는 (투쟁하여 대항해야 될) 죄의 본성과 새로운 본성(이에 따라서 살아야 되는)을 가지고 있다.[210]

---

208) 강웅산, 『구원론(성경신학적 조직신학)』 377.

209) Berkhof, 『조직신학』 790.

210) Hoekema, 『개혁주의 구원론』 352.

후크마는 신자가 싸워야 하는 죄의 본성과 새롭게 살아가야 하는 새로운 본성 즉, 옛사람과 새 사람이 있음을 제시하고 있다. 새 사람의 본성은 결정적 성화를 통해 변화된 것이고, 옛사람의 본성은 여전히 신자가 죄와 싸워야 한다. 이 부분에 대해 김광열 박사는 "죄에 대해 죽는 죽음과 같은 새로운 변화를 일으키라는 요청이 아니라, 이미 주어진 변동에 맞게 살아가라는 요청"이라고 말한다.[211] 이상원 박사 역시 신자의 새롭게 살아가는 방식에 대해서 다음과 같이 말한다.

> 구원은 오직 하나님의 은혜로 값없이 믿음을 통하여 받게 되며, 구원받은 백성들은 구원의 은혜에 대하여 감사하는 마음으로 하나님이 제시하신 규범에 마땅히 순종하는 삶을 살아야 할 의무가 부과된다는 가르침을 제시하고 있다.[212]

위의 인용문에 언급한 대로 신자는 하나님이 원하시는 규범에 마땅히 순종하는 삶이 주어진 것이다. 즉 새로운 삶의 방식인데, 죄와 싸워 하나님의 말씀대로 순종하는 점진적인 성화로 볼 수 있다. 웨스트민스터 신앙고백서 제13장 2항에서도 동일하게 주장한다.

> 이 성화는 전인을 통하여 그리고 전인 안에서 되는 것이다. 그렇지만 이 생에는 불완전하다. 이생에서는 모든 부분에 어느 정도 부패의 잔재가 여

---

211) 김광열, 『그리스도 안에 있는 구원과 성화』, 170
212) 이상원, 『행하는 삶』 (서울: 총신대학교출판부, 2006), 25.

전히 남아 있으며 그로 인하여 계속적이고 화해할 수 없는 전쟁이 일어난다. 육체의 소욕은 성령을 거스르고, 성령의 소욕은 육체를 거스른다.[213]

신앙고백서에 언급한 대로 신자는 이 땅에 사는 동안 불완전하며, 여전히 부패의 잔재가 남아 있고, 육체의 소욕과 성령의 소욕의 싸움이 끊임없이 일어남을 지적한다. 비록 완전한 성화를 이 땅에서 누리지 못하지만, 죄와 싸움을 통해서 새로운 삶의 방식으로 살아갈 수 있다. 다만 여기서 주의해야 할 것은 인간의 노력에 의해서 이루어지는 과정이라고 여겨서는 안 된다. 이에 관해 웨스트민스터 신앙고백서 제13장 3항은 다음과 같이 말한다.

> 그러한 전쟁에서 일시적으로는 그 남아 있는 부패가 상당히 우세할지 모르나, 그리스도의 거룩하게 하시는 영으로부터 능력을 계속적으로 공급받음으로써 중생한 부분이 이기게 되며, 따라서 성도들은 은혜 안에서 자라나서 하나님을 경외하는 가운데서 거룩함을 온전히 이루게 된다.[214]

위의 인용문에 언급한 대로 인간의 노력을 사용하시는 그리스도의 영이신 성령께서 신자에게 능력을 공급하심으로 죄와 싸움에서 승리할 수 있다. 결국, 점진적 성화는 하나님의 은혜 안에서 거룩함을 이루게 되는 것이다. 스프로울도 "이러한 공급과 우리 속에 있는 성령의 활동 때문에 중생한 본성이 궁극적으로 승리할 것이라는 것은 틀림없이 확신한 것"이라고 주장

---

213) W.C.F., 13.2.
214) W.C.F., 13.3.

한다.[215] 거룩하게 하시는 영이신 성령께서 성숙하도록 몰아가시는 것이다.[216] 다만 강웅산 박사의 말처럼 "우리가 죄 없는데 하나님 아버지의 뜻이 있으신 것이 아니라, 당신의 아들을 닮는 데에 아버지의 뜻이 있으신 것"[217]이란 사실을 잊지 말아야 한다.

그렇다면 성화를 이루는 방편은 무엇일까? 죽산은 성화의 방편에 대해 은혜의 수단인 하나님의 말씀과 성례와 기도임을 명시한다.[218] 벌코프도 성령께서 사용하는 성화의 수단에 대해 말하면서, 하나님의 말씀과 성례와 섭리적 인도라고 적시한다.[219] 여기서 기도와 섭리적 인도가 차이가 있어 보이지만, 섭리적 인도는 성령을 통한 인도이며, 기도 역시 성령을 통해 인도하시는 수단이므로 결국 같은 주장을 하고 있다. 성화의 방편이 필요한 이유에 대해 강웅산 박사는 다음과 같이 말한다.

죄성의 문제 때문에 점진적 성화가 필요하다는 것을 잊지 말아야 한다. 우리가 거룩한 성도이지만 죄성이 남아 있기 때문에 우리의 육은 거룩에 익숙하지 않다. 우리가 제자이지만 죄성 때문에 제자의 삶이 익숙하지 않다. 훈련과 교육은 죄성으로 인해 익숙하지 않은 육을 복종시키기 위해 필요한 방편일 뿐이다.[220]

---

215) Sproul, 『웨스트민스터 신앙고백 해설 2권』, 162.
216) Sproul, 『웨스트민스터 신앙고백 해설 2권』, 162.
217) 강웅산, 『구원론(성경신학적 조직신학)』, 378.
218) 박형룡, 『교의신학-구원론』, 350-351.
219) Berkhof, 『조직신학』, 787-788.
220) 강웅산, 『구원론(성경신학적 조직신학)』, 385.

강웅산 박사에 의하면 신자는 죄성에서 벗어나기 위한 훈련으로 성화의 방편이 필요하다. 그러므로 점진적 성화는 신자가 신분적으로 죄에서 자유를 얻고 해방되어 새사람이 되어 새로운 삶이 시작된 것이지만, 여전히 남아 있는 부패성으로 인해 죄와 싸워야 한다. 그리고 성화를 이루는 것은 인간의 노력을 수단으로 사용하시고, 인도하시는 성령을 통해서 가능하며, 성령은 은혜의 수단인 말씀과 성례와 기도를 통해서 능력을 공급하신다. 그럴 때 비로소 신자는 거룩함에 자라갈 수 있는 것이다.

2) 구원의 확신의 비영구성

구원의 확신의 비영구성이란 신자가 구원의 확신을 잃어버릴 수 있다는 것이다. 그래서 신자는 믿음이 때론 흔들리고 지치고 위로가 필요한 상황도 오며, 의심에 빠지기도 하고, 죄에 빠져 살 때도 있게 된다. 이러한 비영구성에 대해『기독교 강요』와 웨스트민스터 신앙고백서를 중심으로 살펴보고자 한다.

칼빈은 구원의 확신을 믿음의 본질이라고 주장한 사실을 앞서 밝혔다. 그렇기에 칼빈에게 있어서 구원의 확신은 필수적 요소가 된다. 그렇다면 칼빈은 구원의 확신의 영구적인 부분만 인정하였을까? 그렇지 않다. 칼빈은 구원의 확신의 비영구성에 대해서 다음과 같이 언급하였다.

> 확실히 우리는 믿음이 확실하고 확고한 것이어야 한다고 가르치면서 의심의 기미가 없는 확증이나 어떤 불안에 의해 침식당하지 않는 확신은 상상할 수 없다. 반면에 우리는 신자들이 그들이 본래 가졌던 불신앙과 부단히 싸우고 있다고 말한다. 진실로 우리는 신자들의 양심이 아무런 동요도 없이 평화로운 안식을 누리고 있다고 결코 생각하지 않는다.[221]

칼빈에 의하면 구원의 확신은 믿음의 본질이지만 신자들이 양심의 흔들림 없이 즉, 의심 없는 상태로 평화로운 삶을 산다는 것을 반대함으로 구원의 확신의 비영구성에 대해 말하고 있다. 구원의 확신이 믿음의 본질이라

---

221) Calvin, *Institutes*, 3. 2. 17.

고 할 때 영구적으로 소유해야 한다. 그러나 칼빈은 이와 상충하게 구원의 확신이 흔들릴 수 있다고 주장함으로 서로 모순된 주장처럼 보인다.[222] 이러한 칼빈의 모순되어 보이는 주장에 대해서 조엘 비키[Joel R. Beeke]는 4가지 원리 즉, 첫째, 신앙과 경험의 구분이며, 둘째, 영과 육의 긴장과 갈등이며, 셋째, 신앙의 씨앗과 신앙의 의식의 구분이며, 넷째, 삼위일체적 구조로 설명한다.[223] 이 설명에 따르면 모순이 아니라는 견해이다. 칼빈은 믿음의 본질로서의 확신을 말하면서 동시에 신앙의 입장에서의 실천적인 측면에 대해 말하고 있다. 즉 객관적 확신의 측면과 주관적 확신의 측면을 동시에 주장하기에 모순이라고 보기 어렵고 강조점의 차이일 뿐이다.

웨스트민스터 신앙고백서 제18장 3항에서도 동일하게 비영구성에 관해 주장하는 것을 볼 수 있다.

> 이러한 틀림없는 확신은 믿음의 본질에 속하는 것이 아니라 참 신자가 그 확신에 참여하기 전에 그는 오래 기다리고 많은 어려움으로 갈등할 수 있다.[224]

그 다음으로 좀 더 명확하게 웨스트민스터 신앙고백서는 제18장 4항에서 구원의 확신의 비영구성에 대해서 다음과 같이 주장한다.

---

222) 양낙흥, "칼빈의 신앙론 분석: 웨스트민스터 신앙고백과의 비교," 「성경과 신학」 53, (2010), 132.
223) Joel Beeke, *Assurance of Faith: Calvin, English Puritanism and the Dutch Second Reformation* (New York: Peter Lang, 1994), 54-64.
224) W.C.F., 18.3.

참 신자라도 구원의 확신이 다양하게 흔들리며, 감소되며, 일시 중단될 수 있다. 이는 확신을 보존하는 데 게으름으로써, 양심을 상하게 하고 성령을 근심케 하는 어떤 특별한 죄에 빠짐으로써, 그리고 어떤 갑작스럽거나 격렬한 시험에 의해서, 하나님이 그의 얼굴 빛을 숨기고 그를 경외하는 자일지라도 빛이 없이 흑암 중에 다니게 함으로써 그렇게 되는 것이다. 그러나 그는 하나님의 씨와 믿음의 생명, 그리스도와 형제들에 대한 사랑, 신실한 마음 그리고 의무를 양심적으로 행하는 것이 결코 전적으로 없지는 않기 때문에, 이러한 것들로부터, 성령의 역사로 말미암아, 확신이 적당한 때에 되살아나게 된다. 그리고 이러한 것들로 말미암아, 그 기간 동안 완전한 절망에 빠지지 않고 지탱된다.[225)]

위에 인용한 대로, 구원의 확신은 믿음의 본질이 아니며, 참 신자라도 구원을 의심하며, 갈등하며 일시적으로 중단될 수 있음을 주장한다. 이러한 주장은 웨스트민스터 신앙고백서에 나타난 구원의 확신에 대한 비영구성이다. 이 부분에 대해 A. A. 핫지A. A. Hodge, 1823-1886는 다음과 같이 말한다.

진정한 그리스도 신자도 은혜 생활에서 전적이 아닐지라도 일시 타락할 수 있으며, 이 은혜 생활은 금생에서는 결코 완전해서 육적 요소가 섞이지 않을 수 없으므로, 필연적인 귀결은 그런 근거 위에 선 확신은 여러 가지 모양으로 흔들리며 감당해지며 중단된다는 것이다.[226)]

---

225) W.C.F., 18.4.

226) A. A. Hodge, *The Confession of Faith*, 김종흡 역, 『웨스트민스터신앙고백해설』 (고양: 크리스챤다이제스트, 2013), 321.

위 인용문에 의하면, 진정한 신자도 일시적으로 타락의 가능성과 다양한 방법으로 흔들리고 의심되는 이유는 육적 요소 때문이라고 주장한다. 즉 구원의 확신의 비영구성은 육적 요소 때문이다. 그리고 그는 비영구성의 원인에 대해 "이 은사를 완전히 보존하는 것을 게을리하는 것과 어떤 특수한 죄에 빠지거나, 갑자기 격렬한 시험을 받거나, 하나님께서 그 얼굴의 빛을 일시 철회하시는 것 등"이라고 주장한다.[227] 결국 구원의 확신에 대한 비영구성은 신자에게 책임이 있는 것이다.

스프로울 역시 "구원의 확신은 그리스도인의 경험에서 본질적인 부분이 아니기 때문에 어떤 그리스도인은 기독교 신앙의 본질적인 요소들을 소유하고 있으면서도 구원의 확신을 가지는 데 실패할 수 있다."고 말한다.[228] 그리고 그는 확신을 잃어버릴 경우에 신자가 누릴 복의 상당한 부분을 잃어버리게 될 것이라고 한다.[229] 그는 구원의 확신의 비영구성에 대해 말하면서 동시에 구원의 확신이 주는 신앙의 복도 누릴 수 없다고 함으로 구원의 확신의 필요성까지 주장한 것이다.

로버트 쇼Robert Shaw, 1795-1863 역시 같은 부분을 다음과 같이 해석한다.

모든 신자가 이런 확신을 얻는 것은 아니다. 확신 있게 살아오다가도 어느 순간 확신이 약해질 수 있고, 심지어는 한동안 확신을 잃을 수도 있다. 이 확신은 육체의 질병, 나태한 태도, 유혹, 때때로 저지르는 죄, 하나님의 징계(성경은 이런 경우를 '하나님이 자기 백성에게 얼굴을 가리셨다'고 표현한다)

227) Hodge, 『웨스트민스터신앙고백해설』 319.
228) Sproul, 『웨스트민스터 신앙고백 해설 2권』 335-336.
229) Sproul, 『웨스트민스터 신앙고백 해설 2권』 336.

에 흔들릴 수 있다.[230]

로버트 쇼는 동일하게 구원의 확신의 비영구성을 주장하고 있으며, 심한 경우에 확신을 한동안 잃어버릴 수 있다고 주장한다. 그리고 다양한 상황 속에서 구원의 확신은 흔들릴 수 있으며, 그 이유는 "구원 신앙을 가졌더라도 여전히 많은 불신앙과 부패의 요소가 남아 있어 신자를 자주 괴롭히기 때문"이라고 강조한다.[231]

이처럼 칼빈의 『기독교 강요』와 웨스트민스터 신앙고백서에서 동일하게 구원의 확신에 대한 비영구성에 관해 주장함을 살펴보았다. 신자들은 일시적으로 구원의 확신을 잃어버리며, 의심하며, 흔들릴 수 있다. 그리고 스프로울이 주장하듯 "예배에 참여하고 성경을 읽고 기도하는 데 태만할 수 있다. 우리는 확신을 날마다 강화시키는 도구인 은혜의 수단들을 멀리"할 수 있다.[232] 그러나 중요한 한 가지는 웨스트민스터 신앙고백서에서 말해주고 있듯이 완전한 소멸이 아니라 일시적이며, 성령의 역사로 말미암아 다시 회복된다.[233] 그러므로 신자는 자신의 게으름으로 구원의 확신을 잃어버리는 책임이 있기에 그는 구원의 확신을 계속 추구해야 할 것이다.

---

230) Robert Shaw, *An Exposition Of The Confession Of Faith Westminster Assembly Of Divines*, 조계광 역, 『웨스트민스터 신앙고백 해설』 (서울: 생명의말씀사, 2014), 379.

231) Shaw, 『웨스트민스터 신앙고백 해설』, 378.

232) Sproul, 『웨스트민스터 신앙고백 해설 2권』, 344.

233) W.C.F., 18.4.

3) 구원의 확신의 추구

신자는 게으름으로 구원의 확신을 잃어버린 상태로 계속 있는 것이 아니라 구원의 확신을 추구해야 한다. 다양한 상황과 삶의 방식에 따라 구원의 확신이 흔들리고 의심되게 만들지만 그럼에도 불구하고 신자는 계속적으로 구원의 확신을 추구해야 한다.

그렇다면 어떠한 방식으로 구원의 확신을 추구할 수 있을까? 구원의 확신을 추구하는 방법을 논하기 전에 믿음의 본질인 구원의 확신이 신자들의 삶의 영역 안에서 의심하게 되고, 양심의 가책을 느끼면서, 평안한 안식을 누리지 못하는 이유에 대해서 살펴보고자 한다. 칼빈은 이 부분에 대해서 다음과 같이 설명한다.

> 이 점을 이해하기 위해 우리는 다른 곳에서 언급한 바 있는 육과 영의 분열을 재언급할 필요가 있다. 이 분열은 여기서 가장 분명하게 그 모습을 드러낸다. 그러므로 경건한 영혼은 그 속에서 분열을 경험한다. 왜냐하면, 경건한 영혼은 한편 하나님의 선하심을 앎으로써 얻은 감미로움에 젖어 있으면서, 다른 한편 재앙을 인식함으로써 오는 쓰라림을 슬퍼하기 때문이며, 한편 복음의 약속을 의지하면서 다른 한편 자신의 불의를 보고 두려워 떨기 때문이고, 한편 삶의 기대를 즐거워하면서 다른 한편 죽음 앞에서 전율하기 때문이다. 이러한 변동은 믿음이 불완전하기 때문에 일어난다. 현생에서는 불신앙이라는 질병을 완전히 치유하고 신앙으로 충

만되거나 신앙에 완전히 사로잡히는 지점에 이를 수 없기 때문이다. 그러 므로 그러한 갈등이 생겨난다. 즉 육의 잔재 속에 잠자고 있는 불신앙이 일어나서 마음 속에 잉태된 믿음을 공격할 때 생겨난다.[234]

칼빈은 신자의 삶의 영역 안에서 영과 육의 대립을 설명하는데, 믿음으로 인해 신자는 새로운 피조물이 되었지만, 여전히 육신의 악함이 남아 서로 대립한다고 지적한다. 이러한 대립은 성화론적 관점에서 이해할 수 있다. 칼빈은 이 땅에서는 죄악을 완전히 떠날 수 없기 때문에[235], 그 결과 신자는 의심과 갈등 속에 살아갈 수밖에 없다고 주장한다.[236] 그는 이 부분을 신자 의 내면적 갈등이라고 부르고 있다.[237]

또 칼빈은 다른 부분에서 구원의 확신에 대해 "믿음은 우리를 향한 하나 님의 자비를 아는 것이고 그 자비의 신실성을 확신하는 것이지만, 하나님 사랑에 대한 인식이 마치 일시적인 것처럼 소멸(Vanish)되는 것은 결코 놀라 운 일이 아니다."고 주장한다.[238] 믿음은 하나님의 자비와 신실성에 대해 믿 는 것이지만, 때론 믿음이 일시적으로 사라질 수 있음을 말한 것이다. 참 믿 음을 가지고 있는 신자라도 죄를 짓고, 믿음이 약해지면 마치 믿음이 사라 지는 것처럼 느끼는 경우도 많이 있다. 그러나 칼빈은 그러한 믿음의 투쟁 을 통해 구원의 확신을 가져옴을 다음과 같이 말한다.

---

234) Calvin, *Institutes*, 3.2.18.
235) Calvin, *Institutes*, 3.2.18.
236) Calvin, *Institutes*, 3.2.18.
237) Calvin, *Institutes*, 3.2.18.
238) Calvin, *Institutes*, 3.2.12.

경건한 자의 마음은 너무나 이상하게 번뇌와 괴로움으로 시달릴 때에도 결국에는 모든 난관들을 극복하고 하나님의 자비에 대한 확신이 상실되는 것을 결코 허락하지 않는다. 오히려 그의 영혼을 고달프고 피곤케 만드는 모든 투쟁들은 믿음의 확신을 가져다준다.[239]

위 인용문에 언급한 대로 신자의 번뇌와 괴로움이 확신을 상실시키는 것은 아니며, 오히려 그러한 투쟁이 구원의 확신을 강화시킨다고 주장한다. 신자의 의심과 번뇌와 괴로움은 구원의 확신의 비영구성이지만, 오히려 그것을 통하여 구원의 확신을 추구해야 함을 주장한 것이다. 김광열 박사도 신자의 갈등과 긴장에 대해 다음과 같이 주장한다.

'갈등이나 긴장'은 믿음의 부족에서 주어지는 갈등이라기보다는, 오히려 신자의 성화의 삶 속에서 야기되는 본래적인 성질의 것이라고 볼 수 있다. 왜냐하면, 하나님의 초월적인 은혜가 타락한 인류의 삶 속에 임했을 때, 불가피하게 발생되는 현상일 것이기 때문이다. 오히려 그것은 하나님의 은혜가 아직 성화를 온전히 이루지 못한, 그래서 아직 옛사람의 생활방식과 습성이 남아 있는 인간에게 임한 사실에 대한 반증이라고 볼 수 있다.[240]

그에 의하면, 갈등과 긴장은 신자의 성화 영역 안에서 본질적이라고 말한

239) Calvin, *Institutes*, 3, 2, 20.
240) 김광열, 『그리스도 안에 있는 구원과 성화』, 173.

다. 그것은 하나님의 은혜가 옛 습관이 남아 있는 인간에게 임하였기 때문이다. 그래서 신자는 구원을 받았음에도 여전히 성화의 영역 안에서 갈등과 긴장을 겪고 있다. 그리고 김광열 박사는 이러한 갈등과 긴장은 구원받지 못함이 아님을 다음과 같이 지적한다.

> 개혁주의 관점에서 볼 때, 오히려 그것은 성령님의 임재가 가져온 갈등인 것이다. 신자는 이 땅에서 거하는 동안(영화의 단계에 이르기까지), 죄와의 싸움은 피할 수 없다. 성령님께서 신자에게 임하심으로 그를 이 죄악된 세상으로부터 들림을 받게 하신 것은 아니므로 그러한 싸움의 현장은 계속되는 것이며, 오히려 더 치열한 상황이 전개될 수도 있다. 그보다, 성령님의 임재가 가져온 결과는, 죄와의 싸움이 없는 세상으로 옮겨가게 된 것이 아니라, 그 세상 속에 남아 있으면서도 그 갈등이나 영적 싸움을 극복하며, 싸워 승리할 수 있는 능력을 소유케 된 사실에서 찾아진다.[241]

위 인용문에 언급한 대로 영적인 싸움인 갈등과 긴장은 구원받은 자의 갈등, 즉 "성령이 가져온 갈등"이며,[242] 죄가 없는 세상으로 옮겨진 것이 아니라, 여전히 죄악 된 세상 안에서 죄와 싸워 승리할 능력을 갖추게 된 것이다. 이처럼 갈등과 긴장은 구원받은 신자의 표시로 볼 수 있다. 왜냐하면, 불신자에게는 이런 갈등과 긴장이 없기 때문이다.

그렇다면 신자는 믿음이 연약해지고 의심이 생길 때마다 구원의 확신을

---

241) 김광열, 『그리스도 안에 있는 구원과 성화』, 174.
242) 김광열, 『그리스도 안에 있는 구원과 성화』, 174.

잃어버린 채 살아야만 하는가? 그렇지 않다. 신자는 언제든지 구원의 확신을 추구할 수 있다. 이에 대해 칼빈은 다음과 같이 말한다.

> 사람이 믿음으로써 자기 자신을 위해 문을 열지 않을 때 두려워 떨다가 결국 하나님으로부터 멀어지게 된다는 것이다. 그러나 반면에 신자들은 무거운 시험에 눌려 꺾이고 짓이김을 당할지라도 끊임없이 일어난다. 물론 여기에는 어려움과 고통이 따른다. 그들은 자신의 마음이 나약하다는 것을 알고 있기 때문에 선지자와 더불어 진리의 말씀이 내 입에서 조금도 떠나지 말게 하소서(시 119:43)라고 기도한다. 이러한 말씀들을 통해 우리는 신자들이 마치 믿음이 떨어진 것처럼 벙어리가 될 때가 있다는 것을 알 수 있다. 그러나 신자들은 패배하거나 후퇴하지 않고 계속해서 싸운다. 그리고 기도로써 박차를 가해 그들의 나태함을 물리치고, 그리하여 적어도 방종으로 인하여 무감각한 상태에 떨어지는 일이 없도록 한다.[243]

칼빈은 구원의 확신을 추구하기 위해서 먼저 기도를 통해서 믿음을 강화해야 함을 주장한다. 그 이유는 기도를 믿음의 주요한 훈련으로 보기 때문이다. 그래서 말씀을 붙잡고 기도할 때 신자의 믿음은 더욱더 굳건해진다. 그리고 기도는 나태와 방종의 상태로부터 끝까지 싸우는 무기가 된다. 그러므로 신자는 기도함을 통해 끝까지 대항하여 결국 승리를 취하는 자임을 잊지 말아야 한다.

또한, 칼빈은 말씀으로 구원의 확신을 추구해야 한다고 주장한다. 그에

---

243) Calvin, *Institutes*, 3. 2. 17.

의하면 "믿음은 이와 같은 공격들을 견뎌내기 위해 하나님의 말씀으로 자신을 무장하고 강화한다."[244]고 말한다. 말씀은 살아있으며, 믿음의 방패이다. 믿음의 불신앙적 요소를 막기 위해서는 반드시 말씀이 필요한 것이다. 말씀은 신자의 믿음을 보호하고 동시에 강화하기 때문이다.

마지막으로 칼빈은 성례를 통해 구원의 확신을 추구해야 한다고 주장한다. 그는 "성례는 하나님의 은총을 우리에게 확증함으로써 우리의 믿음을 지탱하고 자라게 하며 강화하고 증진시킨다."라고 말한다.[245] 성례를 거행함으로써 신자의 믿음이 자라고 강화됨을 강조한다. 성례는 그리스도와 연합의 계속됨을 말한다. 신자가 떡과 잔을 먹을 때 성령의 영적이고 실제적인 임재를 누리게 되며, 동시에 그리스도의 살과 피를 실제로 먹는 영적인 먹음을 통해 그리스도와 연합을 보며 누리게 된다. 그 결과 성례를 통해서 신자의 믿음은 더욱 강화된다는 사실을 기억해야 한다.

결국 칼빈은 구원의 확신을 추구하기 위해서는 말씀과 기도와 성례를 가르치는데, 이 3가지는 개혁 신학의 은혜의 수단이다. 즉 신자의 믿음(확신)은 하나님께서 은혜의 수단을 통해 더욱 강화하고, 증가시키시는 것을 칼빈은 천명하고 있다. 믿음, 즉 구원의 확신은 하나님의 은혜에 의해서 강화되는 것이다. 웨스트민스터 신앙고백서에서도 동일하게 말하고 있다. 제18장 3항에 의하면, "그는 성령으로 말미암아 하나님이 자신에게 값없이 주신 것들을 알 수 있기 때문에, 특별한 계시 없이도, 통상적인 수단들을 바르게 사용해서 그러한 확신에 도달할 수가 있다."고 한다.[246]

---

244) Calvin, *Institutes*, 3. 2. 21.

245) Calvin, *Institutes*, 4. 14. 7.

246) *W.C.F.*, 18. 3.

그렇다면 여기서 말하는 통상적인 수단이란 무엇인가? 그것은 웨스트민스터 신앙고백서 제14장 1항에 기록하고 있다.

> 믿음의 은혜로 말미암아 택자들은 믿어 영혼을 구원하는 데 이를 수 있는데, 그 믿음의 은혜는 그 마음 안에서 그리스도의 영이 역사하신 것이며, 통상적으로 말씀 사역에 의하여 일으켜진다. 또한, 말씀 사역과 성례 집행과 기도에 의하여, 믿음의 은혜는 증가되고 강화된다.[247]

신앙고백서에 의하면 통상적인 수단은 말씀과 성례와 기도이며, 이것을 통해서 "믿음의 은혜가 증가되고 강화된다."[248]라고 말한다. 이 주장은 칼빈이 주장한 내용과 일치하듯이 구원의 확신을 추구하는 방법은 은혜의 수단이다. 웨스트민스터 신앙고백서는 더 나아가 "모든 신자는 자신의 부르심과 택하심을 확실하게 하기 위해서 열심을 다할 의무가 있다 … 이러한 것들은 확신의 마땅한 열매들이다."[249]고 말한다. 구원의 확신의 추구는 그리스도인의 의무이며, 당연한 열매라고 주장함으로 구원의 확신을 추구해야 함을 강조하고 있다.

구원의 확신을 추구해야 함을 후크마도 다음과 같이 말한다.

기독교인은 자신이 완전히 그리스도와 같이 될 때까지는 단순히 뒤로 후

---

247) W.C.F., 14.1.
248) W.C.F., 14.1.
249) W.C.F., 18.3.

퇴하거나 또 기다리고 있을 수만은 없다. 성도는 계속 힘차게 선으로써 악을 이길 수 있도록 분투해서 노력해야 한다. 장기간에 걸쳐 완성되는 성결은 점진적인 성화를 함축한다. [250]

후크마는 구원의 확신이라고 특별히 언급하지 않았지만, 그는 성화의 관점에서 믿음의 증가를 위해서 힘차게 노력해야 한다고 주장한다. 이러한 주장은 구원의 확신의 추구에 대해 암시적인 언급이다. 그리고 그 방편은 말씀과 성례가 성화의 방편이라고 언급함으로[251] 말씀과 성례를 통해 믿음의 증가를 주장한 것이다.

벌코프는 성화는 성령의 사역으로 보면서, 그에 따른 수단을 3가지로 정리하는데, 첫째, 하나님의 말씀이며, 둘째, 성례이며(성례는 보이는 말씀), 셋째, 섭리적 인도[252]로 정리한다. 칼빈의 『기독교 강요』와 웨스트민스터 신앙고백서에 말하는 은혜의 수단 중에 마지막 기도 대신에 섭리적 인도를 넣었다는 점이 다른 점이지만, 하나님의 섭리적 인도 안에 기도가 포함됨을 암시함으로 결국 강조점의 차이다. 그리고 그는 구원의 확신의 추구를 위해서 한 가지 더 추가하는데, 바로 선행이다. 선행에 대해 "구원의 공로를 세우기 위해 필수적이거나 구원을 붙잡는 수단으로 혹은 영원한 영광으로 나아가는 유일한 수단으로 이해되어서는 안 된다."[253]고 주장하면서, 동시에 "선행은 그리스도와 신자의 연합으로부터 필연적으로 발원하게 되는 것임을 강

---

250) Hoekema, 『개혁주의 구원론』, 341-342.

251) Hoekema, 『개혁주의 구원론』, 328.

252) Berkhof, 『조직신학』, 787-788.

253) Berkhof, 『조직신학』, 795.

조할 필요가 있다."[254]고 논한다. 그리고 "선행은 하나님이 요구하시는 것으로서, 신앙의 열매로서, 감사의 표현으로서, 신앙의 확신을 위해서, 하나님의 영광을 위하여 필요하다."고 강조한다.[255] 여기서 선행은 신앙의 열매와 확신을 위해서 필요하다고 주장함을 볼 수 있다. 왜냐하면, 선행은 믿음의 열매이기 때문이다. 죽산 역시 벌코프와 동일하게 주장한다.[256] 그러므로 비록 선행으로 구원받는 것은 아니지만, 선행이 없는 구원은 존재할 수 없다.[257]

존 프레임John Frame 역시 동일한 방식으로 생각하는데, "우리가 의심할 때, 말씀, 예배, 기도, 그리스도인의 교제인 은혜의 도구와 방편으로 지속적으로 돌아가야 합니다."[258]라고 말한다. 그도 구원의 확신을 추구하는 방법으로 은혜의 수단을 사용해야 함을 말한 것이다. 에드워즈도 확신에 대한 어려움을 말하면서, 다음과 같이 말한다.

죄는 우리가 참된 우리 자신을 보지 못하게 하며, 따라서 우리 안에 있는 어두움 때문에 분명하게 볼 수 없게 만든다. 하나님의 말씀이 명백하지 않거나 규칙이 분명하지 않기 때문이 전혀 아니다. 우리는 우리 안에 치명적인 소란에 의해 혼동된다. 우리는 가치 있는 활동에 참여해야 할 때, 자기 성찰에 너무 많은 시간을 들일 수도 있다. 그리스도인들은 의심과

---

254) Berkhof, 『조직신학』 795.
255) Berkhof, 『조직신학』 795.
256) 박형룡의 『교의신학』을 읽어보라.
257) 강웅산, "그리스도인의 삶에 있어 선한 행실에 대한 조나단 에드워즈의 강조," 「생명과 말씀」 제23권 1호, (2019), 39.
258) Frame, 『조직신학 개론: 구원은 주께 속한 것이다』 319.

불확실성의 시기를 보내는 동안 복음의 약속에 집중하고 성경의 명령들
에 순종하려고 노력하면서, 은혜의 수단을 사용해야 한다.[259]

위 인용문에 의하면, 의심과 불확실성의 시간을 보내는 동안 구원의 확신
을 추구하기 위해서 은혜의 수단을 사용하라고 주장하고 있다. 더 나아가
에드워즈는 "선한 행위를 행하는 것이 자신의 구원을 확신하는 가장 신뢰
할 만한 방법이라고" 믿었다.[260] 그는 선행도 구원의 확신의 추구 방법이라
고 주장하면서, 은혜의 수단과 함께 사용함으로 구원의 확신을 추구하라는
것이다.

이와 동일하게 김광열 박사도 믿음을 강화하는 은혜의 방편은 하나님의
말씀과 성례와 성도의 교제라고 말한다.[261] 여기서 칼빈과 조금 다른 부분
은 기도 대신에 성도의 교제를 주장한다. 김광열 박사는 성도의 교제 안에
"하나님의 말씀 선포가 이루어지며, 함께 고통받고, 돌보며, 기도하는 무리
들"이라고 주장함으로,[262] 칼빈과 다른 것이 아니라 기도의 영역을 좀 더 포
괄적으로 본 것이다. 강웅산 박사 역시 이 세상을 살아가는 동안에는 죄성
으로 인해 육신을 훈련 시켜야 함을 지적하면서,[263] 그 방법은 말씀과 믿음
으로 정의한다.[264] 비록 앞서 언급했던 방법이 다소 차이가 있는 것으로 보

259) Michael J. Mcclymond, Gerald R. Mcdermott, *The Theology of Jonathan Edwards*, 임요한 역, 『한 권으로 읽는 조나단 에드워즈 신학』 (서울: 부흥과개혁사, 2015), 479.

260) Mcclymond, Mcdermott, 『한 권으로 읽는 조나단 에드워즈 신학』, 478.

261) 김광열, 『그리스도 안에 있는 구원과 성화』, 176.

262) 김광열, 『그리스도 안에 있는 구원과 성화』, 176-177.

263) 강웅산, 『구원론 (성경신학적 조직신학)』, 385.

264) 강웅산, 『구원론 (성경신학적 조직신학)』, 380-381.

이지만 말씀 안에 말씀과 성례가 포함되며, 믿음 안에 기도가 포함됨으로 좀 더 포괄적으로 주장한 것이다.

종합해보면, 신자는 구원의 확신을 온전히 추구해야 한다. 그리고 구원의 확신을 추구하기 위해서 은혜의 방편(수단)인 말씀과 성례와 기도를 사용하라고 주장함을 확인할 수 있다. 신자는 구원의 확신이 비영구적인 속성이 있기 때문에 구원의 확신을 추구해야 한다. 구원의 확신의 추구해야 하는 이유는 성화가 구원의 확신의 열매라는 입장과 깊은 관련이 있기 때문이다. 성화의 거룩함의 추구가 결국 구원의 확신의 추구이기 때문이다.

4) 소결론

  지금까지 4장에서 문제 제기를 통해 구원의 확신과 성화에 관하여 논구하였다.

  첫째, 성화에 대해서 살펴보았다. 성화는 결정적 성화와 점진적 성화로 구분된다. 결정적 성화는 죄의 지배에서 벗어나 더는 죄의 종이 아닌 새로운 피조물이 된 것이다. 그래서 이제는 죄의 지배를 받지 않고 성령의 지배를 받으며, 죄의 종이 아닌 성령의 법을 따르는 결정적 변화이다. 그리고 점진적 성화는 비록 신분의 변화가 있더라도 삶의 실제적인 영역 안에서 신자는 죄와 투쟁하며, 나태에 빠지지 않도록 부단히 노력함을 말한다. 이 두 가지 성화는 서로 다른 것이 아니라 유기적으로 연결되어 있다. 그리고 결정적 성화에 근거하여 점진적 성화가 이루어짐을 볼 수 있고, 이러한 이중 성화의 과정이 구원의 확신과 실제적인 영역 안에 연결되어 있다.

  둘째로, 구원의 확신의 비영구적인 속성에 관해『기독교 강요』와 웨스트민스터 신앙고백서를 중심으로 살펴보았다. 구원의 확신은 신자의 실제적인 삶의 영역 안에서 일시적으로 잃어버릴 수 있다. 신자는 죄의 지배를 받지 않지만, 죄가 없는 상태는 아니기 때문에 죄를 짓기도 한다. 그리고 의심과 갈등으로 인해 일시적으로 중단된다. 이러한 구원의 확신의 비영구성은 성화의 점진적 성화의 측면과 연결된다. 죄를 짓거나 의심과 갈등으로 인해 일시적으로 잃어버릴 수 있지만, 다시 회복할 수 있다. 점진적으로 회복되어 구원의 확신을 가질 수 있다.

셋째로, 구원의 확신의 추구에 관해 『기독교 강요』와 웨스트민스터 신앙고백서를 중심으로 살펴보았다. 구원의 확신을 잃어버린 상태로 계속 유지되는 것이 아니라, 신자는 반드시 구원의 확신을 추구해야 한다. 구원의 확신을 추구하는 방법은 성화의 방법이기도 한 은혜의 수단을 통해서 가능하다. 그 외 다른 방법도 있지만, 개혁신학적 방법은 말씀과 성례와 기도이다.

종합해보면, 구원의 확신은 성화와 깊은 연관성이 있다. 구원의 확신은 열매라는 입장이 성화와 깊은 관계를 가지고 있기 때문이다. 구원의 확신은 비록 일시적으로 잃어버릴 수 있으나, 참 신자는 그 상태를 계속 유지하는 것이 아니라 다시 구원의 확신을 추구하게 된다. 구원의 확신을 추구하는 방법은 성화의 수단이면서 은혜의 수단인 말씀과 성례와 기도를 통해서 가능하다. 그러므로 신자는 개인적인 신앙 훈련뿐 아니라, 공적인 말씀과 성례와 기도를 가까이함으로 구원의 확신을 계속 추구해야 할 것이다.

5. 구원의 확신과 견인

5. 구원의 확신과 견인

성화의 관점으로 본 구원의 확신은 비영구적인 속성을 가지고 있다. 그래서 신자는 삶의 영역 안에서 의심과 갈등으로 인해 구원의 확신을 일시적으로 잃어버릴 수 있다. 그리고 그 상태로 머물러있는 것이 아니라 구원의 확신을 추구함을 통해 회복될 수 있다. 그리고 구원의 확신의 추구를 위해서 은혜의 수단을 사용하는 것을 권하였다.

그렇다면 구원의 확신에 대한 확실성은 없을까? 구원에 대한 확실성이 있어야 신자는 흔들리지 않고 구원의 확신이 주는 복들을 누리면서 살 수 있다. 확실성은 견인과 관련이 있다. 견인이 신자의 구원을 온전히 이끌어가듯이 구원의 확신에 대한 확실성과 연결된다. 그러므로 본 장에서는 먼저 견인이란 무엇인지 살펴본 후『기독교 강요』와 웨스트민스터 신앙고백서에 나타난 구원의 확신에 대한 확실성을 견인 관점으로 살펴보고자 한다.

1) 견인이란 무엇인가?

일반적으로 견인에 대한 이해는 예수를 믿는다고 고백하고 영접하면 영생이 보장된다고 생각했다. 그러나 이것은 견인에 대한 오해이다. 후크마는 견인 교리에 대한 오해를 다음과 같이 말한다.

> 모든 예배 참석자들이나 교회 회중들이 그들의 신앙 안에서 끝까지 견인한다는 것을 의미하지 않는다. 또는 공적으로 신앙고백 하는 모든 사람은 영원히 안전하게 된다는 것이나 우리에게 참 신자로 보이는 모든 사람이 결코 신앙에서 떠나 타락하지 않는다는 것을 지시하지 않는다. 더구나 이 교리는 성경이 분명하게 언약을 깨뜨리는 사람이 있다고 증거하기 때문에 구속사 가운데 드러난 은혜 언약 속으로 결합된 모든 사람이 영원히 안전하게 된다는 개념도 아니다.[265]

후크마에 의하면 오해는 3가지로 정리가 된다. 첫째, 교회 다니는 사람이 견인되는 것은 아니다. 둘째, 공적으로 신앙고백 하는 사람이 견인되는 것은 아니다. 셋째, 은혜 언약에 들어온 모든 사람이 견인되는 것은 아니다. 이처럼 일반적인 견인에 대한 오해들이 있다.

그렇다면, 참 견인은 무엇인가? 후크마는 "참된 신앙을 소유한 성도들은 믿음을 전적으로 또는 마침내 잃어버릴 수 없다."라고 주장한다.[266] 신자의

---

265) Hoekema, 『개혁주의 구원론』, 386.
266) Hoekema, 『개혁주의 구원론』, 386.

구원이 영원히 안전한 것이 아니라 믿음을 잃어버릴 수 없다는 것이 견인이다. 벌코프는 "하나님께서 중생시키며 은혜의 신분으로 효과적으로 부르신 사람들이 그 신분에서 완전히 혹은 궁극적으로 타락하지 않고 은혜의 신분에서 끝까지 견디어 내어 영원히 구원을 받게 될 것"이라 주장한다.[267] 그는 믿음 대신 신분이라는 단어를 사용하였지만, 다른 의미는 아니다. 죽산은 "하나님이 중생시키시고 은혜의 상태에 유효적으로 부르신 자들은 그 상태로부터 전적으로도 최후적으로도 떨어지기 불가능하고 그 상태에서 끝까지 견인하여 영원히 구원을 얻을 것이 확실하다."고 주장한다.[268] 그도 상태라는 단어를 사용하였지만 같은 의미를 내포하고 있다. 벌코프는 좀 더 상세하게 견인에 대해서 다음과 같이 진술한다.

견인 교리는 성도의 견인이라는 용어가 오해를 일으킬 수 있는 소지가 있으므로 조심스럽게 진술되어야 한다. 이 교리는 어거스틴의 견해처럼 우선 선택된 자가 궁극적으로 구원받게 될 것이라는 교리에 불과한 것이 아니라는 것이 주목할 필요가 있다. 이 교리는 하나님에 의해 중생하고 은혜의 신분으로 효과적으로 부르심을 받은 사람들이 비록 때때로 악에 정복당하기도 하고 죄에 빠지기도 하지만 결코 그 신분에서 완전히 타락하여 영원한 구원을 획득하지 못하게 되는 일은 없다는 것을 가르친다.[269]

벌코프에 따르면 견인 교리의 중요한 것은 선택된 자는 구원을 받는다는

---

267) Berkhof, 『조직신학』 798.
268) 박형룡, 『교의신학-구원론』 385.
269) Berkhof, 『조직신학』 799.

안전교리가 아니라, 하나님에 의해 중생 받은 자들은 죄에 빠지기도 하지만 완전한 타락의 길로 가지 않아 결국 구원을 얻게 된다는 가르침이다. 이어서 벌코프는 계속해서 말한다.

> 견인하는 분은 인간이 아니라 하나님이시다. 견인은 심령 안에 시작된 신적 은혜의 사역이 지속되고 완성에 이르게 하는 신자 안에서의 성령의 지속적 사역이라 정의될 수 있다. 하나님께서 자신의 사역을 포기하시지 않기 때문에 신자들은 끝까지 견딜 수 있게 된다.[270]

위에 언급하듯이 견인은 하나님의 사역이며, 성령의 사역이며, 하나님께서 자신의 사역을 절대 포기하지 않기에 신자들이 끝까지 견디어 구원을 받게 되는 것이다. 결국, 견인이란 신자들이 자기 마음대로 살아도 구원이 완전하게 보장되는 안전교리가 아니라, 하나님에 의하여 부르심을 받은 자들은 하나님에 의해서 끝까지 견디어 구원을 받되, 그들의 신분이나 상태나 믿음을 완전히 잃어버리지 않는다고 정의할 수 있다. 후크마의 말처럼 "신자가 단지 하나님의 능력을 통해서 견인할 수 있으며, 신자들은 단지 변함없는 사랑 가운데서 하나님이 인내하도록 해주시기 때문에 견인"[271]한다고 결론을 내릴 수 있다.

웨스트민스터 신앙고백서 제17장 1항에서도 같은 결론을 볼 수 있다.

---

270) Berkhof, 『조직신학』, 799.
271) Hoekema, 『개혁주의 구원론』, 387.

하나님이 자신의 사랑하는 자 안에서 용납하시고 자신의 성령으로 말미암아 효과적으로 부르시고 거룩하게 하시는 자들은 은혜의 상태에서 전적으로 그리고 최종적으로 타락할 수 없다. 그들은 확실하게 그 상태에서 끝까지 인내하여 영원히 구원받게 될 것이다.[272]

위의 인용문에서 언급한 대로 하나님의 사랑과 성령의 역사로 택함을 받은 자들은 절대 타락하지 않으며, 끝까지 견디어 구원을 받게 됨을 주장한다. 그러한 이유 중 하나는 스프로울은 그리스도의 계속적인 중보라고 한다.[273]

제사장의 기도 때부터 이미 그리스도는 우리가 보존되도록 우리를 위한 중보 사역을 시작하셨다. 그러므로 신자들은 은혜의 상태에서 전적으로 그리고 최종적으로 타락할 수 없다. 그들은 확실하게 그 상태에서 끝까지 인내하여 영원히 구원 받게 될 것이다.[274]

스프로울은 그리스도께서 이미 신자를 위한 계속적인 중보를 시작하셨기 때문에 신자는 은혜 안에서 보존되고 완전히 타락할 수 없다. 하나님의 사랑과 그리스도의 계속적 중보와 성령의 사역이 신자를 보호하고 있기 때문이다. 그래서 웨스트민스터 신앙고백서 제17장 2항은 다음과 같이 말한다.

---

272) W.C.F., 17. 1.
273) Sproul, 『웨스트민스터 신앙고백 해설 2권』, 287.
274) Sproul, 『웨스트민스터 신앙고백 해설 2권』, 288.

이러한 성도의 견인은 그 자신의 자유의지에 달려 있는 것이 아니라 하나님 아버지의 자유롭고 변하지 않는 사랑에서 흘러나오는 선택 작정의 불변성에 달려 있다. 그리고 예수 그리스도의 공로와 중보 기도의 효력, 그들 안에 있는 성령의 내주하심과 하나님의 씨의 효력 그리고 은혜 언약의 본질에 달려 있다. 이 모든 것에서 또한 견인의 확실성과 무오함이 나오는 것이다.[275]

위에서 언급된 대로 견인의 확실성은 첫째, 하나님의 선택 작정의 불변성이며, 둘째, 하나님의 사랑의 불변성이며, 셋째, 그리스도의 계속적 중보와 공로이며, 마지막으로 성령의 내주하심과 언약의 본질이다.[276] 벌코프 역시 동일하게 추론적 방식으로 증명한다. 첫째, 선택의 교리, 둘째, 구속 언약의 교리, 셋째, 그리스도의 공로와 중보기도, 넷째, 그리스도와의 신비적 연합, 다섯째, 마음 안에서의 성령의 사역, 마지막으로 구원의 확신이라 강조한다.[277] 이처럼 견인은 삼위 하나님의 거룩한 사역이다. 인간의 자유의지에 달려 있지 않고, 오직 하나님의 뜻에 달린 것이다.

하지만 이러한 견인 교리에 대해 반론들도 있다. 다양한 반론들이 있지만, 그중에 견인 교리는 신자를 나태와 방종으로 인도한다고 반론한다.[278] 왜냐하면, 하나님의 사랑과 그리스도의 중보와 성령의 내주하심으로 견인이 이루어진다면, 신자는 마음대로 살아도 구원받는다고 생각할 것이기 때

---

275) W.C.F, 17. 2.
276) Sproul, 『웨스트민스터 신앙고백 해설 2권』, 289-296.
277) Berkhof, 『조직신학』, 800-801.
278) Hoekema, 『개혁주의 구원론』, 404.

문이다. 그러나 견인에 대해 앞서 정의를 내렸듯이 절대 그렇지 않다. 강웅산 박사의 주장처럼 "견인은 한 번 구원 받았으니 아무렇게 살아도 구원이 보장되어있다는 뜻이 아니며, 견인의 삶을 위해서는 믿음이 필요하다. 지속적으로 믿음으로 그리스도와 연합 가운데 있는 것이 견인"이다.[279] 견인은 아무렇게나 살도록 보장하는 것이 아니라 지속적인 믿음으로 그리스도와 연합 가운데 살아가는 것이다. 이러한 반론에 대해 후크마는 다음과 같이 말한다.

> 견인의 이런 보증은 참 신자로 하여금 자랑하도록 하고, 사악한 자기 확신에 빠지기는커녕 오히려 순진한 존경, 참된 거룩, 모든 충동에 대한 자제, 열렬한 기도, 십자가를 지는 생활, 확실한 진리의 고백 그리고 하나님을 기쁘게 하는 참 겸손의 뿌리이다. 이러한 은혜의 회상은 성경의 증거와 성도의 실제 경험에서 명백해진 것처럼 진지하고 계속적인 감사의 생활과 선행에 대한 자극을 공급한다. 견인에 대한 새로운 신뢰는 타락 후 그들의 생활 속에 있는 부도덕이나 거룩에 대한 무관심을 산출하지 않고 오히려 성도가 전진할 수 있도록 예비하신 주님의 방편들을 주의 깊게 관찰하여 보다 많은 관심을 유발시킨다.[280]

그러므로 신자는 오히려 견인 교리를 자랑하는 삶을 살며, 나태와 방종의 삶으로 살아가는 것이 아니라 하나님이 기뻐하시는 삶을 추구하게 된다.

---

279) 강웅산, 『구원론(성경신학적 조직신학)』, 413.
280) Hoekema, 『개혁주의 구원론』, 419.

비록 일시적인 죄의 유혹에 빠질 수는 있으나 하나님의 거룩하신 관심과 방편에 의하여서 더욱 주의 깊게 살아가게 된다. 그 이유는 여전히 믿음의 뿌리는 남아 있기 때문이다. 참 견인은 인내를 통하여 끝까지 견디어 구원을 얻는 것이다.

2) 칼빈에게 나타난 구원의 확신과 견인의 관계

칼빈은 구원의 확신을 믿음의 본질로 보는 것을 앞서 밝힌 바 있다. 그러므로 칼빈에게는 구원의 확신이 필수적인 요소이다. 그러나 앞서 4장에서 밝힌 바 비영구성은 인정하지만, 그것이 구원의 확신의 확실성까지 배제하는 것은 아니다. 다만 믿음의 의심과 갈등에 대한 일시적인 잃어버림은 인정하지만, 그렇다고 구원의 확신을 완전히 잃어버리는 것은 아니다. 칼빈은 다음과 같이 논한다.

> 우리는 신자들이 그들이 본래 가졌던 불신앙과 부단히 싸우고 있다고 말한다. 진실로 우리는 신자들의 양심이 아무런 동요도 없이 평화로운 안식을 누리고 있다고 결코 생각하지 않는다. 그러나 그들이 어떠한 시련에 처하더라도 하나님의 자비로부터 얻었던 확실한 보증에서 떨어져 떠나게 된다는 것을 부인한다.[281]

칼빈은 분명 신자는 불신앙과 싸우며, 양심의 동요 없이 평화의 안식을 누린다고 생각하지 않다고 주장하면서, 동시에 어떠한 시련도 확실한 보증 (certain assurance) 즉, 확실한 확신에서 떠나는 것을 부인한다. 왜냐하면, 구원의 확신은 하나님의 자비로부터 얻었기 때문이다.[282] 그러므로 확신은 완전히 사라지지 않다고 주장한 것이다. 라은성 박사도 이 부분에 대해 "공격받

---

281) Calvin, *Institutes*, 3. 2. 17.
282) Calvin, *Institutes*, 3. 2. 17.

는 형태가 무엇이든지 간에 하나님의 자비함 안에 형성된 확고한 확신이 떨어져 배반하게 된다는 것을 거절한다"고 주장한다.[283] 동일하게 하나님의 자비 안에서 확고한 확신으로 인해 배반하는 것을 거절한다.

또 칼빈은 다른 부분에서 다음과 같이 주장한다.

> 우리가 여러 가지 생각들로 인해 미혹케 될지라도 우리는 그로 인해 믿음에서 완전히 단절되지는 않기 때문이다. 우리가 불신앙의 책동에 자극을 받아 사면초가에 처해도, 우리는 그것 때문에 불신앙의 심연에 떨어지지는 않는다. 또 우리가 강타를 당하여도 그것으로 인해 우리의 서 있는 위치에서 밀려나지는 않는다. 갈등의 결말은 언제나 다음과 같다. 즉 믿음은 어려운 문제들로 포위되어 위기에 처한 것 같았지만 그러한 어려움들을 마침내 극복한 것이다.[284]

위 인용문에서도 불신앙과 싸우고 맞아도, 믿음은 항상 승리한다고 주장하고 있으며, 신자가 서 있는 자리(position)에서 밀려나지 않음을 주장함으로 구원의 확신이 완전히 소멸하는 것은 아니라고 선언하고 있다. 또한, 칼빈은 믿음의 뿌리에 대해 언급을 하면서 "그 뿌리가 뽑힐 수 없고, 믿음의 빛 역시 잿더미 아래서도 잔존한다."라고 주장한다.[285] 즉 구원의 확신은 무슨 일이 있어도 끝까지 남아 있음을 주장하고 있다.

그뿐만 아니라, 칼빈은 신자가 흔들리는 의심 가운데 있을 때 하나님께서

---

283) 라은성, 『이것이 기독교 강요다:연구자용 2권』 (서울: PTL, 2018), 461.

284) Calvin, *Institutes*, 3.2.18.

285) Calvin, *Institutes*, 3.2.21.

자비의 빛을 비춰주심으로[286) 그 빛으로 인하여 견고한 확신을 하도록 하신다고 주장한다.[287) 그래서 비록 의심 가운데 있을지라도 하나님께서 계속적인 은혜의 빛을 주심으로 신자는 견고한 확신을 가질 수 있음을 주장한다. 더 나아가 칼빈은 다음과 같이 말한다.

> 경건한 자의 마음은 너무나 이상하게 번뇌와 괴로움으로 시달릴 때에도 결국에는 모든 난관들을 극복하고 하나님의 자비에 대한 확신이 상실되는 것을 결코 허락하지 않는다. 오히려 그의 영혼을 고달프고 피곤케 만드는 모든 투쟁들은 믿음의 확신을 가져다준다.[288)

칼빈은 신자의 번뇌와 괴로움과 모든 투쟁은 믿음의 확신을 가져다준다고 말한다. 즉 신자가 구원의 확신에 대한 비영구성인 의심과 갈등의 투쟁을 통해서 오히려 구원의 확신을 가져온다고 주장함으로 구원의 확신의 확실성이 더욱 견고해진다는 것이다. 특별히 칼빈은 "성령은 믿음을 생기게 할 뿐 아니라 우리가 믿음으로 말미암아 천국에 인도될 때까지 믿음이 점점 자라게 하신다."고 강조한다.[289) 이러한 주장은 성령이 신자를 온전히 천국으로 인도하기 위하여, 믿음을 주시고, 믿음을 자라게 하신다고 말한 것은 견인의 관점으로 본 믿음이며, 동시에 구원의 확신이 더 확실해짐을 볼 수 있다. 또한, 그는 "믿음의 확신을 어느 한 시점에 국한시키는 것은 어리석은

---

286) Calvin, *Institutes*, 3. 2. 19.

287) Calvin, *Institutes*, 3. 2. 19.

288) Calvin, *Institutes*, 3. 2. 21.

289) Calvin, *Institutes*, 3. 2. 33.

일"[290]이라 논하면서, "믿음은 본질상 현세 생활이 지나간 후에 있을 미래에 영생불멸을 바라보는 것이다. 신자들은 성령의 조명을 받아 믿음을 통하여 하늘에서의 삶을 바라볼 수 있다는 사실을 하나님의 은혜로 돌린다."라고 [291]주장함으로, 구원의 확신은 하나님의 은혜와 성령에 의하여 확실성을 가진다.

더 나아가 칼빈은 믿음과 소망은 유사점이 있어 성경에서 때때로 바꿔서 사용하며, 종종 결합한다고 가르친다.[292] 그렇기에 칼빈은 믿음과 소망의 관계에 대해 다음과 같이 말한다.

> 믿음이 하나님의 진실성을 확신하는 것이라면, 믿음이 우리에게 거짓말을 하거나 속이거나 무효로 돌아갈 수 없는 것이라면, 이 확신을 가진 사람들은 그들이 반드시 진실하다고 믿는 그 약속들을 하나님께서 실현하실 때가 오리라는 것을 확신을 가지고 기대한다. 따라서 간단하게 말하면, 소망이란 바로 하나님께서 진실하게 약속하신 것으로 믿는 그 일들에 대한 기대이다.[293]

위 인용문에서 말하듯이 "믿음은 하나님의 진실성을 확신하는 것"[294]이고, 소망은 "하나님께서 진실하게 약속하신 것을 믿는 기대"[295]라는 것이다.

---

290) Calvin, *Institutes*, 3. 2. 40.

291) Calvin, *Institutes*, 3. 2. 40.

292) Calvin, *Institutes*, 3. 2. 43.

293) Calvin, *Institutes*, 3. 2. 42.

294) Calvin, *Institutes*, 3. 2. 42.

295) Calvin, *Institutes*, 3. 2. 42.

하나님께서 신자를 구원하신다는 약속의 말씀 즉, 끝까지 구원을 이루시겠다는 약속의 말씀을 굳게 붙잡게 함으로 "믿음을 강화시켜, 하나님의 약속들에 대한 믿음을 흔들리게 하거나 그 약속의 진실성을 의심하지 않도록 한다."[296]라고 주장한다. 믿음과 소망은 서로 연관되어 하나님께서 이루실 구원에 대한 확신을 더욱 굳게 잡을 수 있는 것이다. 그래서 칼빈은 다음을 제시한다.

> 우리는 하나님의 말씀이 죄인인 우리에게 구원의 소망을 품으라고 명하는 것을 알기 때문에, 하나님의 진실성을 기꺼이 믿고 그의 자비만을 의지하며 행위에 대한 신뢰를 버리고, 대담하게도 선한 소망을 품는다. "너희 믿음대로 돼라"고 말씀하신 하나님께서는 속이지 않으실 것이다.[297]

칼빈은 신자의 구원의 확신은 하나님의 진실성을 믿고 하나님께서는 신실하게 그 약속을 이행하실 분이시며, 거짓이 없으신 분이시며, 하나님께서 이루실 일이라고 말함으로 신자의 구원의 확실성은 하나님을 의지하는 것이다.

이처럼 칼빈은 구원의 확신은 비영구성을 가지고 있지만, 구원의 확신이 완전히 소멸함을 말하는 것이 아니라, 여전히 구원의 확신은 남아 있다고 말한다. 왜냐하면, 구원의 확신은 믿음의 본질이기 때문이다. 그리고 구원의 확신의 확실성은 하나님께 돌림으로 하나님께서 약속하신 것을 이루시

---

296) Calvin, *Institutes*, 3.2.42.
297) Calvin, *Institutes*, 3.2.43.

는 분으로 하나님의 자비성과 신실성 즉, 하나님으로부터 찾음으로 신자를 끝까지 구원하실 것이라는 확실함에 근거를 둔다. 이러한 칼빈의 관점은 구원의 서정 중 견인과 관련됨을 알 수 있다. 견인은 신자를 끝까지 견디게 함으로 구원을 이루시는 하나님의 자비와 신실성에 있기 때문이다.

3) 웨스트민스터 신앙고백서에 나타난 구원의 확신과 견인의 관계

웨스트민스터 신앙고백서는 앞서 밝힌 바와 같이 구원의 확신은 믿음의 본질로 보지 않고 믿음의 열매로 본다.[298] 믿음의 열매로 본다는 것은 구원의 확신이 없어도 구원을 받는다는 견해다. 그렇다고 구원의 확신을 부정하지 않는다. 웨스트민스터 신앙고백서는 믿음의 열매로 구원의 확신을 말하지만, 확실성을 더 강조하고 있다. 웨스트민스터 신앙고백서 제18장 1항을 보면 다음과 같다.

> 위선자들과 중생하지 못한 사람들은 자신들이 하나님의 총애를 받고 구원의 상태에 있다는 거짓된 소망과 육신적인 억측으로 헛되이 속을 수 있으나, 그들의 소망은 무너질 것이다. 그렇지만 주 예수를 참으로 믿고, 그를 신실하게 사랑하며, 선한 양심을 다해 그분 앞에 행하려고 노력하는 사람은, 이 땅에서 자신이 은혜의 상태에 있다는 것을 분명히 확신할 수 있고, 하나님의 영광과 소망 가운데 즐거워할 수가 있다. 이 소망은 그들을 결코 부끄럽게 하지 않을 것이다.[299]

위 인용문에서 밝혔듯이 중생하지 못한 자들은 거짓 소망에 속을 수 있고, 소망이 무너질 것이지만, 참으로 예수를 믿은 자들은 "자신이 은혜의 상

---

298) W.C.F., 18.3.
299) W.C.F., 18.1.

태에 있다는 것을 분명히 확신할 수 있다."[300]고 말한다. 웨스트민스터 신앙고백서의 동일한 부분을 스프로울은 해석하면서 다음과 같이 말한다.

> 이 땅에서 우리는 분명히 확신할 수 있다. 이 신학자들이 말하고 있는 것은 하나님의 말씀과 우리 구원에 대한 확신의 기초는 엄청나게 강력하기 때문에 우리를 의심에 내버려 두지 않는다. 우리가 불안에 떨게 내버려 두지 않는다. 하나님의 말씀은 우리 영혼의 상태에 대해 확신하게 만든다. … 하나님의 말씀 안에서 그리고 그 말씀으로 말미암는 확실성에 대해 말하는 것이다.[301]

스프로울에 의하면, 분명하게 구원의 확신의 확실성을 주장하고 있다. 구원의 확신의 기초인 하나님의 말씀이 강력하기 때문에 신자를 의심 가운데 내버려 두지 않는다. 더 나아가 웨스트민스터 신앙고백서는 "신앙의 무오한 확신"(an infallible assurance of faith)이라고 제18장 2항에서 말한다.

> 이러한 확실성은 속기 쉬운 소망에 근거한 단순한 추측과 그럴듯한 신념이 아니라, 구원 약속에 대한 신적인 진리에 기초한 신앙의 무오한 확신이다. 이 확신은 구원의 약속들에 대한 신적 진리와 이 약속들이 주어진 은혜에 대한 내적 증거와 우리의 영과 함께 우리가 하나님의 자녀인 것을 증언하는 양자의 영의 증거에 기초를 두고 있다.[302]

---

300) W.C.F., 18.1.
301) Sproul, 『웨스트민스터 신앙고백 해설 2권』 320.
302) W.C.F., 18.2.

신앙고백서에 따르면 구원의 확신의 확실성은 추측도 아니고, 신념도 아니다. 오직 하나님의 말씀에 기초한 신앙의 무오한 확신이다. 이 무오한 확신은 구원을 이루신다고 약속하신 하나님의 신실성에 의존하여 확실성을 주장하는 것이다.[303] 하나님이 신실하지 않으시다면, 신자의 구원은 보장될 수 없다. 그러나 하나님은 여전히 신실하시고, 그가 약속하신 것은 반드시 이루신다.

또한, 웨스트민스터 신앙고백서는 "이 약속들이 주어진 은혜에 대한 내적 증거와 우리의 영과 함께 우리가 하나님의 자녀인 것을 증언하는 양자의 영의 증거에 기초에 두고 있다."[304]고 말한다. 하나님의 약속인 말씀과 더불어 구원의 확신의 확실성의 기초가 바로 양자의 영 즉, 성령이다. 왜 성령을 통해 구원의 확신의 확실성이 주어질까? "이 성령은 우리 기업에 대한 보증이시며, 이 성령으로 말미암아 우리는 구속의 날까지 인 치심을 받기 때문"이다.[305] 즉 성령께서는 하나님의 약속의 말씀과 더불어 구원을 보증하시기 때문이다. 하나님의 말씀과 성령의 보증은 신자가 구원의 확신의 참된 확실성을 보장하고 있음을 확인할 수 있다. 그래서 웨스트민스터 신앙고백서의 이 부분을 스프로울은 "그리스도인은 하나님의 말씀 안에 거할 때보다 자신의 구원에 대해서 더 큰 확신을 받게 되는 때는 없다. 그것이 바로 성령이 증언하는 방식이다."라고 해설한다.[306] 신자의 구원에 대한 가장 큰 확신은 말씀을 통한 성령의 증언이라는 사실이다. 그 성령의 증언이 구원의 확

---

303) Sproul, 『웨스트민스터 신앙고백 해설 2권』, 329.

304) W.C.F., 18.2.

305) W.C.F., 18.2.

306) Sproul, 『웨스트민스터 신앙고백 해설 2권』, 333.

신의 확실성을 보증해 주는 것이다.

그렇다면 구원의 확신의 확실성에 대해 견인 관점으로 볼 수 있을까? 웨스트민스터 신앙고백서 제18장 3항을 보면 다음과 같다.

> 그러므로 모든 신자는 자신의 부르심과 택하심을 확실하게 하기 위해서 열심을 다할 의무가 있다. 그렇게 함으로써 그의 마음은 성령 안에 있는 평강과 희락으로 넓어지도록, 하나님께 대한 사랑과 감사로, 그리고 순종의 의무에 있어서 힘과 자발적인 마음으로 넓어진다. 이러한 것들은 확신의 마땅한 열매들이다. 따라서 이 확신은 사람들을 결코 방탕한 생활로 이끌지 않는다.[307]

위의 인용문에서 보듯이 견인에 대해서 언급하고 있다. 일반적으로 견인에 대한 비판은 바로 나태와 방종에 대한 부분이다. 그 이유 중 하나는 하나님에 의해 구원이 보장되었기에 삶의 영역 안에서 부주의함으로 나태와 방종을 낳는다는 것이다.[308] 그러나 앞서 밝힌바 견인에 대한 오해일 뿐이다. 웨스트민스터 신앙고백서에서 고백하듯이 "모든 신자는 자신의 부르심과 택하심을 확실하게 하기 위해서 열심을 다 할 의무"[309]가 있으며, 이 의무는 자발적으로 순종하게 된다.[310] 그래서 후크마는 "견인교리는 참 신자에게 만족스러운 것이다. 그 속에 내주하시며 역사하시는 성령을 모시고 있는

---

307) W.C.F., 18.3.
308) Hoekema, 『개혁주의 구원론』, 403-404.
309) W.C.F., 18.3.
310) W.C.F., 18.3.

참 신자는 구원의 귀중한 선물에 대하여 감사하는 가운데 하나님을 위하여 살려고 하는 열정이 있다.”고 말한다.[311] 결국, 견인은 성도들이 죄와 싸워 승리하고 인내할 것을 지시한다고 한다.[312] 그렇기에 웨스트민스터 신앙고백서가 고백하듯이 “이 확신은 사람들을 결코 방탕한 생활로 이끌지 않는다.”[313]는 말은 참이다. 구원의 확신은 결코 나태와 방탕에 빠지지 않는다.

김광열 박사는 이에 대해서 “오히려 그러한 좌절과 절망의 순간들을 통하여 신자들은 자신들의 구원의 가치를 더 깨닫게 된다.”고 말한다.[314] 비록 나태와 방탕의 삶을 살 수 있지만 그러한 계기를 통해서 구원의 가치를 더 깨닫게 되며, 결국 나태와 방탕으로 빠지지 않고 더욱 거룩의 길로 가게 된다.

강웅산 박사 역시 견인에 대한 오해를 다음과 같이 지적한다. “믿는다고 한 번 고백만 하면 영생이 보장된다고 생각하는 것은 오해이다. 흔히 믿음은 있으나 행함이 없는 문제를 보게 된다. 그것은 견인이 아니다.”[315]고 한다. 한마디로 견인 교리는 신자가 나태하고 방탕의 길을 유도한다고 생각하는 것 자체가 오해라는 것이다. 그리고 견인 교리에 대해서 개진한다.

견인교리란 어떤 경우에도 구원에 대해 안전하다는 안심을 갖게 하는 데에 그 의미가 있는 것이 아니라, 성도라면 실제로 믿음과 거룩으로부터 미끄러져 죄에 빠지지 않는 것을 말한다. … 참 신자도 죄를 지을 때가 있다. 그러나 참 신자는 죄의 지배하에 떨어져 배교하지 않는다. 견인 교리

---

311) Hoekema, 『개혁주의 구원론』 404-405.
312) Hoekema, 『개혁주의 구원론』 405.
313) W.C.F., 18.3.
314) 김광열, 『그리스도 안에 있는 구원과 성화』 90.
315) 강웅산, 『구원론(성경신학적 조직신학)』 400.

의 핵심은 참 신자는 견인한다는 것이다. 즉 참 신자는 끝까지 믿음을 지켜 죄의 지배하에 떨어지지 않는다. [316]

견인은 방탕과 나태함을 유도하는 것이 아니라 오히려 끝까지 믿음을 지켜 죄의 지배를 당하지 않도록 도와주는 교리라는 사실이다. 그렇기에 구원의 확신에 있어서 견인교리는 신자가 더욱더 하나님 말씀대로 살 수 있도록 도와주는 역할을 하며, 동시에 구원의 확신에 대한 확실성도 포함된다. 더 나아가 웨스트민스터 신앙고백서 제18장 4항에 다음과 같이 말한다.

> 그는 하나님의 씨와 믿음의 생명, 그리스도와 형제들에 대한 사랑, 신실한 마음 그리고 의무를 양심적으로 행하는 것이 결코 전적으로 없지는 않기 때문에, 이러한 것들로부터, 성령의 역사로 말미암아, 확신이 적당한 때에 되살아나게 된다. 그리고 이러한 것들로 말미암아, 그 기간 동안 완전한 절망에 빠지지 않고 지탱된다. [317]

위의 인용문에서 보듯이 "완전한 절망에 빠지지 않고 지탱된다."[318]는 말은 견인에 대한 관점이며 동시에 확실성이다. 또한, 나태와 방탕의 길로 빠질 수 있다는 비판에 대해서 "양심적으로 행하는 것이 결코 전적으로 없어지지 않기 때문"[319]이라고 주장하면서 거절하고 있다. 그리고 "성령의 역사

---

316) 강웅산, 『구원론(성경신학적 조직신학)』, 402-403.

317) W.C.F., 18.4.

318) W.C.F., 18.4.

319) W.C.F., 18.4.

로 말미암아 확신은 되살아난다."[320]고 주장함으로 구원의 확신은 성령으로 인해 확실성을 보장받는 것이다. 바빙크도 견인에 대해 다음과 같이 말한다.

> 하나님이 시작한 은혜의 사역을 또한 하나님 자신이 보존하고, 지속하며 완성하는지 아니면 이 사역이 때때로 죄의 권세로 인해 전적으로 파괴되는 거다. 견인은 사람의 행위가 아니라, 하나님의 선물이다. …(중략) … 하나님은 무엇보다도 도덕적인 방식으로 권면과 경고를 통해 신자를 하늘의 복으로 인도하길 원하며, 신자 자신이 성령의 은혜를 통해 믿음과 사랑 안에서 기꺼이 인내하도록 한다.[321]

바빙크에 의하면 견인은 하나님의 사역이면서 선물이며, 성령을 통해서 믿음과 사랑 안에서 인내하게 된다고 주장한다. 또한, 그는 구원의 확실성에 대해서 다음과 같이 주장한다.

> 믿음이란 인격적 지식(cognitio)이든 신뢰(fiducia)이든 언제나 확실한 지식, 확고한 신뢰다. 믿음은 본성상 모든 의심과 대립되고 인격적 구원의 확실성을 포함한다. 물론 신자들 가운데 여전히 온갖 불확실성(diffidentia)이 남아 있을지라도, 믿음 자체는 언제나 확실하다.[322]

---

320) W.C.F., 18.4.

321) Bavinck, 『개혁교의학4』 315.

322) Bavinck, 『개혁교의학4』 123.

바빙크는 신자는 비록 불확실성이 남아 있음에도 불구하고 믿음의 본성 상 언제나 확실함으로 구원에 대한 확실성을 주장한다. 이처럼 바빙크도 웨스트민스터 신앙고백서와 동일하게 구원에 대한 확신은 믿음을 통한 견 인에 기초하여 절대 없어지지 않고 그 뿌리가 여전히 존재하고 있으므로 구 원의 확신의 확실성을 주장한다. 벌코프도 동일하게 주장하는 것을 볼 수 있다.

> 견인하는 분은 인간이 아니라 하나님이시다. 견인은 심령 안에 시작된 신
> 적 은혜의 사역이 지속되고 완성에 이르게 하는 신자 안에서의 성령의 지
> 속적 사역이라고 정의될 수 있다. 하나님께서 자신의 사역을 포기하시지
> 않기 때문에 신자들은 끝까지 견딜 수 있게 된다.[323]

벌코프는 견인은 바로 성령의 사역이고, 하나님께서 자신의 사역을 포기 하지 않기 때문에 신자는 구원을 받고, 끝까지 승리할 수 있다. 성령을 통한 활동으로 신자 안에 구원의 확신이 사라질 수 없음을 주장하는 것이다.

그러므로 웨스트민스터 신앙고백서에서 고백하듯이 구원의 확신은 비록 비영구적이긴 하지만 구원의 확신의 확실성을 가질 수 있으며, 칼빈의 말처 럼 "우리의 구원의 확실성은 우리들 자신에게가 아니라 하나님의 숨은 선 택에 달려 있다는 점을 명심할 필요가 있음"을 잊어서는 안 된다.[324] 왜냐하 면, 구원의 확신은 결국 성령의 사역으로 우리가 완전히 타락할 수 없도록

---

323) Berkhof, 『조직신학』, 799.
324) John, Calvin, Calvin's New Testament Commentaries, 존 칼빈 성경주석 출판위원회 역, 『칼빈주석신약 16』, (서울: 성서교재간행사, 2012), 349.

뿌리를 남겨 두시기 때문이다. 이렇게 성령께서 신자를 붙들고 계셔서 끝까지 견디어 구원을 이루게 하시는 것이다.

4) 소결론

지금까지 구원의 확신과 견인에 대해서 살펴보았다.

첫째, 견인은 한 번 구원 받으면 어떻게 살아도 구원이 보장된다는 안전 교리가 아니다. 그래서 신자의 삶은 나태와 방종으로 이끌지 않는다. 오히려 하나님의 은혜를 기억하여 끝까지 견디어 구원을 이루게 하는 것이다. 그래서 견인은 인간의 편에서 이루어지는 것이 아니라 삼위 하나님 편에서 이루어진다. 하나님의 사랑과 그리스도의 중보와 성령의 내주하심을 통하여 하나님께서 약속하신 것을 신실하게 지키심에 근거를 둠으로 결코 구원이 실패하지 않으며, 신자는 그 약속을 믿고 인내함으로 끝까지 견디어 구원을 받는다.

둘째로, 칼빈에게 나타나는 구원의 확신과 견인의 관계를 살펴보았다. 『기독교 강요』를 보면, 구원의 확신을 하나님의 자비와 신실하심에 근거를 두기 때문에 신자는 구원의 확신을 완전히 소멸할 수 없다. 왜냐하면, 구원은 인간의 편이 아닌 하나님의 편에서 이끌어가는 것이기 때문이다. 비록 신자가 이 세상의 삶 가운데서 의심과 갈등 속에서 투쟁하지만, 오히려 그 투쟁이 믿음을 강화한다. 이러한 투쟁은 구원의 확신의 확실성에 근거한다.

셋째로, 웨스트민스터 신앙고백서에 나타난 구원의 확신과 견인의 관계에 대해 증명하였다. 구원의 확신은 일시적으로 없어지는 것으로 보이나, 그 뿌리까지 완전히 사라지지 않는다. 뿌리가 남아 있는 것은 구원의 확신의 확실성을 보장한다. 구원의 확신은 하나님께서 신자를 여전히 붙들고 계시며, 신자는 끝까지 견디어 구원을 받게 된다.

종합해보면, 구원의 확신은 견인과 관련이 있다. 하나님께서 택자를 끝까지 구원하시는 신실성에 근거하듯이, 구원의 확신도 확실성을 가지고 있다. 하나님의 신실하신 사랑과 그리스도의 계속적 중보와 성령의 역사를 통해 신자는 죄와 끊임없이 싸운다. 이러한 투쟁은 죄와 의심과 갈등에 의해 생기는데 그렇다고 구원의 확신의 완전한 소멸을 의미하지 않는다. 뿌리가 남아 있으므로 신자는 투쟁함으로 구원의 확신을 강화한다. 즉 구원의 확신은 비록 일시적으로 없어지는 것으로 보이지만 뿌리까지 없어지지 않는다. 하나님께서 끝까지 붙들고 계시기 때문이다.

6. 결론 및 제언

6. 결론 및 제언

현재 한국교회는 구원에 관한 인식이 부족하다. 대부분의 교회가 구원에 관한 관심보다 숫자 늘리기에 급급한 상황이다. 그래서 한국교회는 전도 프로그램인 새 생명 축제와 전도 폭발과 "4 영리" 전도 등 다양한 전도법을 통해 전도해왔다. 그리고 그 전도법에 대한 문제의식 없이 결단과 영접 기도를 통해 구원을 선포하였다. 하지만 이러한 방법은 문제가 있다. 왜냐하면, 교회 또는 목사가 구원을 선포하고, 전도 대상자들의 결단(의지)에 의하여서 구원이 이루어지기 때문이다. 이러한 방법은 교회 안에 숫자를 늘리기는 성공했을지 모르나, 진정한 믿음을 가졌는지 단언할 수 없다.

진정한 믿음은 지식과 동의와 신뢰가 동시에 나타난다. 지식과 동의는 사람이 할 수 있지만, 신뢰의 영역은 오직 성령의 사역이다. 성령의 역사 없이 진정한 믿음은 생길 수 없다. 그러므로 결단과 영접 기도가 순식간에 믿음의 3가지 측면인 지식과 동의와 신뢰를 가져와야 하는데, 지식과 동의는 가능하나 신뢰까지는 불가능할 수 있다.[325] 이러한 결단과 영접 기도의 문제는 신자가 구원을 결정하는 데 있다. 성령의 역사가 아니라 '오늘 예수 믿기로 결단'했기 때문에 구원을 얻는 게 되는 오류가 있다. 그러나 구원은 반드시 하나님의 편에서 그리고 인간 편에서 이루어지는 것이다. 오직 성령의 역사를 통해서 믿음이 주어지는 것이다. 복음의 선포(객관적 근거)와 동시에 성령의 역사(주관적 근거)가 나타날 때 비로소 구원을 얻게 되고, 구원의 확신을 얻을 수 있는 것이다. 즉 인간의 자유의지에 의해서가 아니라 하나님의 선택과 은혜에 의하여 믿음을 신자에게 주실 때 비로소 예수를 주라고 입으로 시인 하게 되며, 구원과 확신을 얻게 되는 것이다.

본 책을 통해 한국교회에 제언하자면,

첫째, 결단과 영접 기도가 구원 얻는 믿음이 생기는 가능성은 있으나 그러한 가능성 때문에 무조건 구원을 선포하는 것은 문제가 있다.[326] 그래서 더 좋은 방법을 추구해야 하는데, 하나님 말씀을 통하여 순전한 복음을 전하고, 성령의 역사와 은혜를 계속 구해야 할 것이다. 결단과 영접 기도 한 번에 믿음과 구원을 선포함으로 구원의 확신까지 심겨주는 오류를 범해서는 안 된다. 그들이 진정한 믿음을 소유하도록 도와야 한다. 지속해서 말씀을 가르치고, 기도를 통해 성령의 역사가 임하여 마음의 찔림을 받아 진정

---

325) 물론 결단과 영접 기도를 통해 그 순간 성령의 역사가 나타날 가능성은 있다. 결단과 영접 기도를 통한 구원을 완전히 부인하는 것은 아니다.
326) 피니의 전도법에는 문제가 있으나, 하나님의 구원 사역의 방법 중에 한가지라는 사실은 인정한다.

한 회개를 통해 믿음을 소유하도록 도와야 할 것이다.

둘째, 신자들이 진정한 믿음을 소유했다면, 지속적인 하나님의 말씀과 성례와 기도를 통하여 구원의 확신을 추구하도록 가르쳐야 한다. 구원의 확신의 추구는 신자들의 거룩한 삶을 추구하는 것이다. 구원받은 신자는 구원의 확신이 흔들려 의심과 갈등의 삶으로 사는 것이 아닌 구원의 확신을 추구하는 거룩한 삶을 살도록 도와야 한다. 비록 일시적인 의심과 갈등으로 구원의 확신을 잃어버렸을 때 말씀과 성례와 기도를 통하여 신자가 거룩한 삶으로 돌아오도록 해야 한다.

셋째, 신자가 구원의 확신을 맹신함으로 나태와 방종에 빠지지 않도록 가르쳐야 한다. 견인 교리를 안전 교리로 생각하여 한 번 구원을 받았기 때문에, 신자는 마음대로 살아도 구원을 받는다고 가르치면 안 된다. 견인 교리의 핵심은 끝까지 견디는 자는 구원을 얻는 것이다. 오직 믿음으로 구원을 받지만, 신자의 삶은 나태와 방종에 빠져도 된다는 가르침이 아니라 끝까지 견디는 삶을 가르쳐야 한다. 그리고 그 능력은 삼위 하나님의 사역에 근거하여 이루어지는 은혜임을 가르쳐야 한다. 구원은 하나님의 은혜로 받으며, 그 은혜는 나태와 방종의 삶으로 인도하지 않고 투쟁하게 하는 것임을 가르쳐서 두렵고 떨림으로 구원을 이루어 가도록 도와야 할 것이다.

참고 문헌

1. 한글 문헌

강웅산. 『구원론(성경신학적 조직신학)』. 경기: 도서출판 목양, 2018.

김광열. 『그리스도 안에 있는 구원과 성화』. 서울: 총신대학교 출판부, 2014.

김의환. 『개혁주의 신앙고백』. 서울: 대한예수교장로회 총회, 2011.

라은성. 『이것이 기독교 강요다:연구자용 2권』. 서울: PTL, 2018.

문병호. 『30주제로 풀어쓴 기독교 강요』. 서울: 생명의 말씀사, 2013.

_____. 『칼빈신학: 근본 성경교리 해석』. 서울: 지평서원, 2017.

박형룡. 『교의신학-구원론』. 서울: 은성문화사, 1975.

이상웅. 『박형룡신학과 개혁신학 탐구』. 서울: 도서출판 솔로몬, 2019.

_____. 『조나단 에드워즈의 성령론』. 서울: 부흥과 개혁사, 2009.

이상원. 『행하는 삶』. 서울: 총신대학교출판부, 2006.

2. 외국어 문헌

Beeke, Joel. *Assurance of Faith: Calvin, English Puritanism and the Dutch Second Reformation*. New York: Peter Lang, 1994.

Calvin, John. *Institutes of the Christian Religion*. 2 Vols. trans. Ford Lewis Battles. ed. John T. McNeill. Philadelphia: Westminster press, 1960.

3. 한글 번역본

Ames, William. *The Marrow of Theology*. 서원모 역. 『신학의 정수』. 서울: 크리스찬다이제스트, 1992.

Bavinck, Herman. *De Zekerheid des Geloofs*. 허동원 역. 『믿음의 확실성』. 고양: 우리시대, 2019.

_____. *Gerefromeerde Dogmatiek*. 박태현 역. 『개혁교의학3』. 서울: 부흥과개혁사, 2011.

_____. *Gerefromeerde Dogmatiek*. 박태현 역. 『개혁교의학4』. 서울: 부흥과개혁사, 2011.

Berkhof, Louis. *Systematic Theology*. 권수경·이상원 역. 『벌코프 조직신학』. 서울: 크리스찬다이제스트, 2005.

Brooks, Thomas. *Heaven on Earth : a Treatise on Christian Assurance*. 이태복 역. 『지상에서 누리는 천국』. 서울: 지평서원, 2001.

Calvin, John, *Calvin's New Testament Commentaries*. 존 칼빈 성경주석 출판위원회 역. 『칼빈주석신약 16』. 서울: 성서교재간행사, 2012.

_____, *Calvin's New Testament Commentaries*. 존 칼빈 성경주석 출판위원회 역. 『칼빈주석신약 19』. 서울: 성서교재간행사, 2012.

Frame, John. *Salvation Belongs to the Lord: an Introduction to Systematic Theology*. 김용준 역. 『조직신학 개론: 구원은 주께 속한 것이다』. 서울: 개혁주의신학사, 2011.

Hodge, A. A. *The Confession of Faith*. 김종흡 역. 『웨스트민스터신앙고백해설』. 고양: 크리스챤다이제스트, 2013.

Hoekema, Anthony. A. *Saved by Grace*. 류호준 역. 『개혁주의 구원론』. 서울: 기독교문서
     선교회, 1991.

Letham, Robert. *Westminster Assembly and the Reformed Faith Series 1*. 권태경, 채천석 역.
     『웨스트민스터 총회의 역사』. 서울: 개혁주의신학사, 2014.

Lloyd-Jones, D. M. *Romans An Exposition of Chapter 10 Saving Faith*. 서문강 역. 『로마서
     강해(X): 이신칭의』. 서울: 기독교문서선교회, 2007.

MacArthur, John. *Gospel according to the Apostles*. 송영자 역. 『구원이란 무엇인가』. 서울:
     부흥과 개혁사, 2008.

Mcclymond, Michael. J. Mcdermott, Gerald R. *The Theology of Jonathan Edwards*. 임요한
     역. 『한 권으로 읽는 조나단 에드워즈 신학』. 서울: 부흥과개혁사, 2015.

Murray, John. *Redemption Accomplished and Applied*. 장호준 역. 『구속』. 서울: 복있는사
     람, 2011.

          . *Collected Writings of John Murray*. 박문재 역. 『존 머레이 조직신학』. 고양: 크리스
     천다이제스트, 2008.

Reymond, Robert L. *A New Systematic Theology of The Christian Faith*. 나용화, 손주철, 안
     명준, 조영천 공역. 『최신 조직신학』. 서울: 기독교문서선교회, 2004.

Ryle, J. C. *Assurance: How to Know you are a Christian*. 김태곤 역. 『구원의 확신』. 서울:
     생명의 말씀사, 2011.

Shaw, Robert. *An Exposition Of The Confession Of Faith Westminster Assembly Of
     Divines*. 조계광 역. 『웨스트민스터 신앙고백 해설』. 서울: 생명의말씀사, 2014.

Sproul, R. C. *Truths We Confess : A Layman's Guide to the Westminster Confession of Faith* vol. 2, 이상웅·김찬영 공역. 『웨스트민스터 신앙고백 해설 2권』 서울: 부흥과개혁사, 2011.

5. 논문

강웅산. "그리스도인의 삶에 있어 선한 행실에 대한 조나단 에드워즈의 강조." 「생명과 말씀」 제23권 1호 (2019): 11-44.

　　. "조나단 에드워즈의 의의 전가의 교리." 「한국개혁신학」 제17권 0호 (2005): 105-131.

강효주. "『근대 신학의 정수』에 나타난 웨스트민스터 신앙고백서의 구원의 확신 교리에 대한 해석." 「갱신과 부흥」 24호 (2019): 115-158.

김광열. "죽산 박형룡의 구원론 연구-성령론과 성화론을 중심으로-." 「조직신학연구」 제25호 (2016): 44-83.

양낙홍. "칼빈의 신앙론 분석: 웨스트민스터 신앙고백과의 비교." 「성경과 신학」 제53권 (2010): 109-136.

이상원. "기독교 영성의 길: 이원론적인 영혼의 정화에서 성령에의 전인적 순종으로." 「성경과 신학」 제49권 (2009): 187-226.

이진락. "웨스트민스터 신앙고백서와 구원의 확신." 「개혁논총」 제14권 (2010): 167-193.

6. 사전

New Bible Dictionary. 「새성경사전」 김의원·나용화 역. 서울: 기독교문서선교회, 2000.

"하나님께 찬송을!"(Laus Deo!)